朝日新書
Asahi Shinsho 887

進路格差

〈つまずく生徒〉の困難と支援に向き合う

朝比奈なを

朝日新聞出版

はじめに

2021年、以前からSNS上で使われていた「親ガチャ」という言葉がにわかに注目を集めた。

「ガチャ」とは「ガチャガチャ」のことで、小さなプラモデルやキャラクターグッズなどを入れたプラスチックの球形ケースが専用の機械に入っており、1回100円から数百円でハンドルを回して引くゲームである。どれが出てくるかわからないギャンブル性があり、欲しいものが手に入るまで何度も挑戦する人もいる。近年、大人にも人気が高く、駅や大型商業施設などに数多く設置してあるので目にしたことがない人はいないだろう。

このゲームになぞらえた「親ガチャ」という言葉は、子どもは親を選べず、どの親の下に生まれるかは、「ガチャガチャ」のあたり・はずれのように運・不運があることを示すものだ。

若者の間ではこの新語に納得する反応も多く、SNS上では「大学の友人の贅沢な生活と自分の質素な生活を比較して落ち込んでいたが、『親ガチャ』だから仕方ない」「自分が生きるのが苦しいのは『親ガチャ』のせいだったと、少し明るくなれた」といった、この語で、自分の生きづらさや劣等感が自分のせいだけではないと思えるようになり、自分自身を肯定的に捉えられたことを窺わせるコメントが目立った。

一方、「自分の努力不足を親のせいにするな」「自分が努力すれば、『親ガチャ』も挽回できるはず」というような批判的なコメントも相当数あった。これらがどの年代層によって書かれたのかは定かではないが、「努力すればその分報われる」と信じられるのは、かつてそうであった時代を生きた大人世代の人々か、「親ガチャ」で幸運に恵まれた人々だろう。

高校生や大学生に長く接している筆者は、「親ガチャ」という言葉は非常にうまい造語だと感心した。「親ガチャ」で「はずれ」を引いて無力感と諦観を持って生きている若者を多く見ているからである。「あたり」「はずれ」の基準は人によって様々だろうが、「親ガチャ」という言葉は、恵まれない環境に育った若者にとって、少なくとも自己責任論から逃れる視点を与えてくれる。

昔から、どのような家庭に生まれたかがその人の生涯をある程度決めていたことは事実だ。「家庭が貧しかったので、本当は上級学校に行きたかったのに行けなかった」とか「兄弟が多かったので口減らしの意味もあって、集団就職で都会に出て働いた」などのエピソードは、今でもしばしば耳にする。また、ひとり親家庭や経済的に厳しい家庭の出自からの成功譚《たん》を自慢げに語る政治家や実業家も後を絶たない。だが、そのようなエピソードが成り立ったのは概《おおむ》ね高度経済成長期であり、社会や労働環境が今とは大きく異なることには気づいていないようだ。

現代の日本では国民の間で分断が進み、階層が固定化する方向に向かっていることは、社会学研究者によって明らかになっている。中でも、学歴を分析の視座に置いて膨大な資料に基づき緻密で鋭い考察をしているのが、吉川《きっかわ》徹氏や松岡亮二氏である。両氏とも保護者と子どもの学歴を「大卒」「非大卒」に分けて分析し、「非大卒」の人々が社会で生きることの困難さを指摘されており、筆者も学ぶところが非常に大きかった。

教育社会学の学術研究は日本社会の様相をダイナミックに説明してくれる。しかしながら、これまで実際に多くの高校生・大学生、特に貧困など様々な問題を抱えて学力が伸ばせなかった若者に接してきた筆者としては、「大卒」「非大卒」を視座にするだけでは見えてこない格差があると感じるのも事実だ。

1990年代以降、大学入試に多様な方法が導入され、同時に大学や学部・学科の新設が相次ぎ、それまで大学に進学しなかった層の高卒生が大学に進学するようになった。アメリカの教育研究者マーチン・トロウが言うところの、いわゆる大学の「ユニバーサル化」は2000年代前半に進展し、現代も進行中である。そのため、1990年代以降、特に大学の変容が定着化した2000年代以降の「大卒」と、多様な入試方法導入以前の「大卒」では大学進学者の割合面でも彼らが大学入試のために積み上げた知識や学力の面でも大きな差がある。

さらに、現時点で存在する多数の大学の中にも、学校による学力や能力、校風等に差があり、それらが就職や将来の人生に大きな格差を生じさせていると考えられる。このように、大学卒業者自体に、年代による格差や大学間による格差が非常に大きい。

また「非大卒」の中には、その分野では大学よりも古くから卒業生を輩出し実績を積み上げている専門学校に進学した者も含まれている。もちろん、高卒で就職する者も「非大卒」に含まれる。この両者を同じ分類に属させることには違和感を覚える。

このように見てみると、「大卒」「非大卒」という大きな視座による分類だけでは見えてこない現実があると推測できる。

これらの疑問に加えて、「非大卒」が生きるために不利であるならば、全ての人が大学に進学すべきであるという短絡的な思考が社会に蔓延《まんえん》し、それを実現するための政策を拙速に実行しようとする可能性があるのではないかとも危惧する。

どれだけ支援がなされても、家計を少しでも楽にしたい、早く経済的に自立したい、学校という制度が自分に合わないので早く社会に出たい等と考えて高卒で就職を選ぶ人が必ずいるだろう。現時点でも、高卒就職者への社会的関心は低く、彼らへの公的支援はほとんど行われていない。社会全体の中で大学進学への圧力がますます強まれば、高卒就職者や中卒就職者は一層肩身の狭い思いをするようになり、社会からの支援もほとんどないままになるだろう。これでは、あまりに不公平ではないだろうか。

いずれにせよ、一つの学校を卒業後にインターバルを置かずに次の段階に進む「新卒主義」が主流である日本では、ほぼ義務教育化し、卒業後に多岐な進路が待ち構えている高校は人生の重要なポイントであると言える。松岡亮二氏もその著書『教育格差――階層・地域・学歴』の中で、高校を「間接的に『生まれ』で隔離する制度」であり、「人生の分岐点」と位置づけている。

筆者は、卒業後の進路選択が将来を一定方向に導く点を強調して、高校を「将来への分水界」と考えている。長い人生の中で、もし、自分の選択が誤っていると気づいたらいくらでも方向転換できると思える人もいるだろう。しかし、効率やスピード感、コストを重視する現在の日本社会では、「やり直し」や「リベンジ」、「回り道」には大きなリスクが伴い、それを実行するためにはエネルギーも資金も必要になる。しかも、２０２２年4月からは成人年齢も18歳となり、進路選択は、建前上は成りたての大人が行うものにもなった。筆者は、社会全体が18歳の選択をより重いものにしているとすら感じる。

本書の意図は、このような高校での進路選択について問題を提起し、実態を記述することである。そして、特に、筆者の長年の関心事である様々な困難を抱えた高校生、いわば、「親ガチャ」が不運だった高校生の進路選択が、彼らの背負った不運さを解消できるものとなっているのか、また、近年、新たに実施されている奨学金制度等が不運さの解消に効果的であるのかを検討していく。筆者は教育学の研究者ではないので、より現場に近い立場から問題点を指摘し、高校や高等教育の現状の是非を世に問うことを本書の第一の目的にしたい。

本書の構成は、第1章でまず、高校生の進路選択の学力による相違を、公開されている進路実績を見ながら述べていく。そして、「親ガチャ」の運が良かった者たちに関する記述は他論に譲り、「親ガチャ」で運が悪かった者たち、つまり、貧困や不安定な家族生活など様々な問題を抱えて、自分の学力や能力を中学卒業までに伸ばすことができなかった者たちの進路選択にスポットを当てて多方面から詳しく見ていくことにする。

このような高校生の「将来への分水界」で、彼らと出会った大人たち――学習支援員、就職指導教員、就職した企業の関係者、専門学校職員、大学教員――への取材も交え、高校生の主観や自己認識ではない客観的な様子を把握することに努めながら、第2章以降を記述する。

結論を先に言うと、先述のような高校生が現在行っている進路選択は、就職であれ、進学であれ、「親ガチャ」による差異を解消する方向に導く選択になり得ていない場合が多い。つまり、今の状況が続くのであれば、不運が世代を超えて綿々と続き、社会の分断、階層の固定化が進むとしか考えられないのだ。

「将来への分水界」での選択が格差解消に至らない理由には、もちろん彼ら自身の学力や能力も問題だが、それと同時に日本社会の学校制度や労働環境及び労働慣習など広範で複雑な要因がある。それら全てに言及するには筆者は能力不足だが、自身の経験や取材で見えてきた問題点と解決策の私見を最終章で述べていきたい。

困難を抱えた高校生や高卒生に気づき、彼らに心を砕き、彼らの将来のために労力を惜しまず行動してくれている方々が、今回、取材を受けてくれた。それぞれ立場は異なってもそのような高校生に寄せる熱意は共通している。この場で改めて感謝したい。

進路格差　目次

図表作成／谷口正孝

第1章　進学した高校で人生が決まる

最近は都市部で私立小中学校受験が増えているが、一般的には高校入試は、多くの子どもにとって人生で最初の関門となる。人気のあるスポーツで卓越した技能を持っている、もしくは芸術の分野でより恵まれた練習環境を目指すなどの場合には、自宅を離れて遠くの高校に進学することもあるが、ほとんどの子どもは中学卒業後、居住地にある公立高校か通学可能な地域にある私立高校に進学する。

これらの高校は、その所在地の高校受験に特化した塾など教育関係企業が実施する模擬試験によって作られた偏差値ランクの中に位置づけられている。本来、受験方法も、受験科目数も異なる私立と公立を同じ土俵で語るのは難しいのだが、企業が持つ過去の蓄積データを基に一律に偏差値が換算されて一つの偏差値一覧図の中に位置づけられている。高校受験にも推薦入試など複数の受験方法が導入されているが、基本は偏差値で語られる高校受験に臨む時期の学力で進学する高校は振り分けられる。

学力によりランク付けされた高校ごとに卒業後の進路も異なることは、高校の事情をあまり知らない人でも想像に難くないだろう。現在、高校は事実上義務教育化しており、2022年4月からは、そこでの在学中の18歳に成人となる。そして、卒業後に就職するか、進学するかで、成人としてのスタートが大きく変わる。また、進学といっても、4年制大学か短大か、専門学校かそれ以外の機関かと複数の選択肢があり、さらに、それぞれの学校種内にもランク付けがある。これらの選択肢は彼らの前に、あたかもくじ引きの糸のように広がっており、一つ一つの選択がその後の人生の方向性を決めていく。

長年、高校教育に関係している筆者は、進学した高校によって進路状況が大きく異なること、まさに、進路格差が大きいことを実感している。高校入学以前の格差が入学する高校を決め、高校3年間で格差は解消されずに固定化、拡大化している。

高校での進路格差が、その後の長い人生においても埋めることが難しいほどの生活の差、安定した生活が営める程度の収入が常に得られるか、本人が希望するのであれば配偶者を得て新しい家族を作れるか、そして、人生の最後まで、日本国憲法第25条に保障されている健康で文化的な最低限度の生活ができるか等の人生格差の起点になっていると確信する。

しかし、高校での進路格差については、社会の中に暗黙の了解としてあるもののはっきりとは語られていない。むしろ、格差があることを甘受しているかのように見える。

先述した通り、進学する高校を決める最大の要因は高校受験時の学力である。現代の日本で学力を決める要因としては、本人の生来の能力や努力の多寡よりも家庭環境とそこで行ってきた体験や習い事、受けてきた義務教育の質や地域差等の方が大きな影響を与えると言えるのだが、これについては筆者も別稿で度々《たびたび》述べてきたのでここでは触れない。

子どもの背景にどのような困難があろうとも、中学卒業の時点での学力により進学する高校は決まる。そこで学力という視点から高校を分類し、それぞれに在学する高校生が卒業後に選ぶ進路にどのような特徴があるか、この章では見ていきたい。

一般社会が高校を考える際にも基本的には学力が基準となる。各地の高校群の中で生徒の学力が高い「進学校」が上位に、下位に俗に言う「ヤンキー校」や「底辺校」があり、その中間が「中堅校」というような概念が存在する。だが、このように区分する基準は明確ではなく、多分に表面的なイメージに左右されている場合が多い。例えば、在校生の少数を特別のクラスに編成して有名大学への進学実績を上げ、学校全体が「進学校」というイメージを作り上げる私立高校は多数ある。私立高校の在校生の学力差は大きく、内部のコースやクラスなどにより、そこで行う教育内容や質にも大きな差がある。また、私立大学で時々指摘されるが、私立高校でも学校関係者や地域の有力者の子弟、卒業者の子どもなどが特別の枠で入学する場合もある。

その点、公立高校の入試は、公表される基準で合否が決められる。情報公開制度により、合格発表後に自分の得点の開示を求めることもできる。近年は、中学時代の部活動のスポーツや芸術分野で活躍した生徒を対象とした特別入試制度を公立高校でも導入している自治体もあるが、全体的には公立高校の合否の判断は学力が中心である。そこで、この章では公立高校を主として進路選択を考えてみたい。

入試の際の学力で高校は3つのタイプに分けられる

毎年、2月頃から有名大学の高校別合格者数が週刊誌の特集として出される。最高潮となるのは東京大学や京都大学の合格発表で、高校別合格者数のみならず、一部では合格者自身の体験談などを実名で発表する場合もある。さらに、医学部合格者の高校別合格者数が特集される等難関大学や学部の受験は社会的に大きな関心を集め続けている。

このような風潮の中では、有名大学や難関学部に合格することは、高校生にとって自己肯定感を高める最高の機会になる。そのため、その大学や学部への進学が自分の適性に合っているかよりも、少しでも偏差値の高い大学や学部に進むことを目的とする受験生、さらに高校が以前から存在している。

有名大学や難関学部に進学できるのは、一般的に「進学校」と言われる高校からだけである。ごく稀に、偏差値30台から難関大学に入った者が話題になることもあるが、それは経済的に恵まれ、進学した高校以外で学習のサポートを受けられる生徒にほぼ限られている。難関大学・学部に入るには、その前に「進学校」に進むことが常道なのだ。

ここまで「進学校」という語句を使っていたが、ここからはより厳密に高校を学力で分類していきたい。教育研究者により学力による高校の分類は様々行われている。卒業生の大学進学率で分ける方法も多用されるが、大学進学率は年々上昇しているし、大学には高校以上に厳密な全国的な偏差値ランクがあり、入試方法も多種多様、その上、入試の選抜機能がほぼ名目化している大学もある。やはり、高校の偏差値で分類するのが高校の実態を表しやすいので、筆者は偏差値で分類する方法を取ることにする。

周知のごとく、偏差値とはある集団の平均を出し、そこからの乖離《かいり》度を示すものである。

高校受験の場合、集団の構成員は毎年変わるし、都道府県ごとに算出されるので、本来は単純に比較できない。偏差値60といっても、それが示す学力の実態は年によって異なり、地域によっても異なる。また、各地域で偏差値を算出するための教育関連企業や教育委員会が行う模擬試験を中学3年生全員が受けているわけでもない。不登校の生徒や教室に馴染めず適応指導教室や相談室に登校している生徒は受けない場合が多い。このように、偏差値を見る際には色々な留意点があるが、少なくとも各地域の同年齢層の中での学力の位置を示すものという意味はある。

各地域の高校受験の偏差値ランクを見てみると、上は75前後、下は35前後の幅に全高校が収まっている。それらの高校を、極めて主観的で恐縮ではあるが、公立高校教員、大学での初年次教育担当者、さらに進路アドバイザーとして各地の高校に赴く体験等から得た知見を加味して、以下の3タイプに分類してみる。

まず、偏差値の起点は50なので、平均的な学力の生徒はこの周辺に存在することになる。ここから偏差値が上は60未満、下は46までの学力層の高校を「学力中位校」とする。

偏差値60以上の高校を「学力上位校」とするが、この層を偏差値70以上のトップ高校と60台の高校に分ける。こうする理由は後に述べる。

そして、偏差値45以下の高校が「学力低位校」となる。筆者は、この学力層の問題点を発信し続けているが、そこでは教育活動の成果を上げることが様々な理由で難しいという側面に重点を置いて「教育困難校」という語句を使用してきた。今回の「学力低位校」の多くが「教育困難校」に重なることになるが、全てではないことを後述する。

この3つのタイプの高校の進路選択にはどのような特徴があり、それが彼らをどのような将来に導くことになるのかをこれから考えてみたい。

ここからの論には個々の高校の「学校案内」やホームページで公開している進路実績のデータを利用した。進路実績は中学生や保護者にとって大きな関心事なので、どの高校でもそれを「学校案内」やホームページに掲載している。しかし、その掲載方法には大きな差がある。過去10年間の各年度の全卒業生の進路先を詳細に集計して掲載する高校がある反面、「過去3年間の主な進学先」等といった大雑把な記載しかない高校もある。予想できると思うが、いわゆる「進学校」は詳細を記載し、そうでない高校は概略を記載する方法を取ることが多い。

その中で、学力に関係なく、進路実績を詳細に公開している高校を少ないながらも見つけることができる。当該学校関係者は学校の実態を正確に公開する使命感を持っているのだろう。その姿勢に、筆者は敬意を表したい。

本書は学術論文ではないので、地域にある同じ学力層の進路の学術的分析は研究者に任せ、ここでは典型的なデータから筆者が把握する特徴を示すことに留める。

「学力上位校」トップ校生徒にとって大学受験は必定

ここからの考察は、各高校のホームページに掲載された進路実績を基に進めていく。具体的に見ていく高校は、基本的に同じ都道府県内の高校とした。各学校の受験偏差値は、同県で高校受験に特化した進学塾が実施している模擬テストの偏差値となる。

まず、「学力上位校」の進路選択について見てみよう。この層には2種類あるとしたが、先に「学力上位校」のトップとなる偏差値70以上の高校の進路選択を見てみる。ここに位置づけられる公立高校は、各都道府県において数校程度で、その多くは江戸時代の藩校や旧制中学の伝統を継承する。

表1は、関東地方某県の「学力上位校」のトップであるZ高校の最近5年間の進路の実績である。Z高校は戦前の旧制中学が前身であるが、この学校のホームページや学校案内には、卒業生の進路先として大学以外のものは記載されていない。尚《なお》、表1の卒業生数は

表1　Z高校の進路実績（偏差値75）（2017〜2021年）

卒業年度	大学（国公立）		大学（私立）		大学校（国立）		海外大学		卒業生数
	現役	浪人	現役	浪人	現役	浪人	現役	浪人	
2021年	161	102	266	690	0	3	2	0	351
2020年	131	126	263	642	1	3	0	8	356
2019年	128	131	157	780	2	2	3	2	368
2018年	123	144	172	796	3	1	1	3	400
2017年	105	123	148	643	3	3	6	11	363

（Z高校HPより作成）

実数、それ以外はのべ数となっている。

筆者は、Z高校の卒業生が保有する1970年発行の『進学資料』を見ることができた。文部省の調査によれば、1970年の大学進学率は男子が27・3%、女子が6・5%、全体で17・1%と低い。しかし、この学校の進路指導部が作成した先の資料の表題は「進学」資料であり、就職に関する情報は載せられていない。内容は、生徒の個人名こそ伏せられているものの、全生徒の学年内順位と受験大学名、その合否が克明に記されている。つまり、1970年の段階で、同校の高校生の進路選択は大学一択の状況なのである。

この資料には1970年度の大学合格者数も掲載されている。それによれば、東京大学、東京工業大学など当時の国立一期校に現役で47名、一浪で77名、二浪以上で12名、計136名合格、当時の二期校に合計81名、公立大学に合計25名、早稲田大学・慶應大学に合わせて209名、その他私大に253名との華々しい大学進学実績である。この資料の所有者は浪人して国立大学に進学したが、「自分の行きたい大学に入れなければ浪人するのが当たり前という雰囲気でした。何浪かしてその後の進路がわからない者もいましたが、周囲の生徒は全員、大学進学を目指していました」と語っている。当時から、難関大学の受験が生徒の意識に織り込み済みになっていることがわかる。

改めて表1を見ると、最近、現役での大学合格率が上昇していることがわかる。一時、大学受験実績がやや低迷したが、その後の公立高校改革により、近年は向上している。また、一般受験で国公立大学進学に力を入れる伝統も引き継がれている。

ごく少数、大学ではなく大学校を受験する生徒もいる。これは、防衛大学校、防衛医科大学校、気象大学校に限られ、合格してもそこに進学しない生徒もいる。気象大学校は入学金や授業料が不要、防衛大学校と防衛医科大学校は学費が不要であるのみならず、特別職公務員として毎月手当が支給される。Z高校では経済的な面からこれらの学校を選ぶ生徒と一般受験の際の志望校の一つとして受験する生徒の両者が存在すると考えられる。どの学校の入試も高い学力が要求されるが、「学力上位校」トップ校の生徒であればクリアできないハードルではなく、これらの学校の存在は経済的に厳しい家庭で育っても高い学力があれば高等教育が受けられる救済措置にもなっている。

もう一つの特徴は海外大学へ進学する生徒もいることだ。ここでいう海外大学はオックスフォード大学等の名門大学であり、これは「学力上位校」でもトップ校でなければ見られない現象である。

Z高校では就職者や専門学校進学者は皆無と言ってよい状況である。仮に経済的に厳しくても、先の大学校や各大学が実施している特待生入試を突破するだけの学力があり、また、高校入学時点で本人も保護者も大学進学を当然とする意識があるからだろう。これは、Z高校だけでなく、各地の「学力上位校」のトップ校に共通する点である。具体的な例示はZ高校だけとするが、このような高校の生徒が選ぶ進路は大学、中でも知名度が高い大学であり、その先には高い学力を備えた大卒者として社会で働く道が続いている。

「学力上位校」でも専門学校進学者がいる

次に、偏差値60台の「学力上位校」の進路選択を見たい。地域性を同じくするために、先のZ高校と同県内にあるY高校の進路選択を示したのが表2である。Y高校も戦前の旧

表2　Y高校の進路実績（偏差値65）（2017～2021年）

卒業年度	国公立大学		私立大学		大学校		短大		専門学校等		その他
	現	浪	現	浪	現	浪	現	浪	現	浪	
2021年	94	12	1257	104	0	0	0	0	1	1	30
2020年	113	19	1092	187	0	0	1	1	3	0	38
2019年	84	24	859	199	1	1	4	0	4	0	63
2018年	74	19	785	155	0	0	6	0	9	0	69
2017年	60	17	674	199	0	0	4	0	5	0	73

（Y高校HPより作成）

制中学の系譜を継ぐ学校であるが、第二次世界大戦後、男女共学の新制高校としてスタートし、引き続き該当地域で進学校の立場を保っている。

この高校が公開している進路実績は、Z高校と同様に現役・浪人と分けられている。Z高校もY高校も現在学年の定数は同数だが、国公立大学の合格者数はZ高校と比較してやや少なく、また地元の国公立大学への進学者が最も多い。私立大学では早稲田・慶應の合格者は例年合わせて30～40名程度、大学受験業界で言うところの「GMARCH」レベルの大学には合わせて50～60名で、もっと多数合格しているのは「日東駒専」レベルの大学と所在地周辺にある大学である。

表2の「その他」の欄には留学や浪人が含まれるが、その中の大半は浪人である。先のZ高校でも浪人を選ぶ生徒が相当数存在した。近年は、家計への負担を考えて

浪人を選ばない高校生や保護者が多いが、「学力上位校」に進学できる生徒の家庭は、本人の志望を重視して浪人を認めるだけの経済力がある家庭が多いと考えられる。

Y高校に特徴的なのは、「学力上位校」トップ校では見られなかった短大や専門学校への進学者が少数ながら存在する点だ。短大は全国的には志願者が激減し、学校数自体も減少しているが、専門的な職業教育に定評のある短大が生き残っており、そこに進学する生徒がY高校では見られる。また、専門学校では看護系への進学が最も多い。例えば、専門学校進学者が多かった2018年では9人の進学者の内、4人が看護系を選んでいる。他の専門学校進学者も歯科衛生や理学療法など医療関係の分野を選んでいる。ここから考えると、この分野への進学希望が強く、志望校の一つとして専門学校を受け、そこのみに合格したので進学する生徒と見て間違いないだろう。この専門学校の分野選びは、「学力上位校」の特色として、後に考察する。

2種の「学力上位校」の進路選択を見たが、どちらもほぼ100%が進学、中でも大学進学が圧倒的であることが確認された。そして、この傾向は長い年月続いている。

現在、全国の大学進学率は毎年上昇しているが、その上昇分に「学力上位校」生徒は含まれないことがわかる。また、これらの学校に学ぶ生徒で家庭の経済状況が厳しい者は、特待生制度や授業料減免制度のある学校や学費の安い学校を選ぶなどして、高等教育への進学の夢を実現していると推測できる。

「学力中位校」の進路選択は、全国平均と近い様相を示す

次に、「学力中位校」の進路選択として、前の2校と同県内にあるX高校を見てみる。図1が、偏差値52～56とされているX高校の過去5年間の進路実績である。ここで注目したいのは、大学進学率ほぼ100%だった前の2校に比較して、この高校の大学進学率は50～60%台である点だ。この数字は過去5年間の全国平均の大学進学率に近いものである。図2に現役・浪人を合わせた全国平均進学率をまとめる文部科学省「学校基本調査」の最近5年間のデータを示したので、比べていただきたい。

X高校は、地域人口の急増に伴い1970年代に多く創設された高校の一つである。男女共学の普通科で、所在する市内では田園地帯にあり、最寄り駅からの交通の便も比較的悪い。しかしながら、所在市のイメージが一般的に良いこともあり、創立以来常に「中堅校」の位置を保ってきた。学年の定員は年により変更があるが300～350名である。

改めて図1を見ると、年々大学進学する割合が増え、専門学校進学者にはさほどの変化

図1　X高校の進路実績（2017〜2021年）

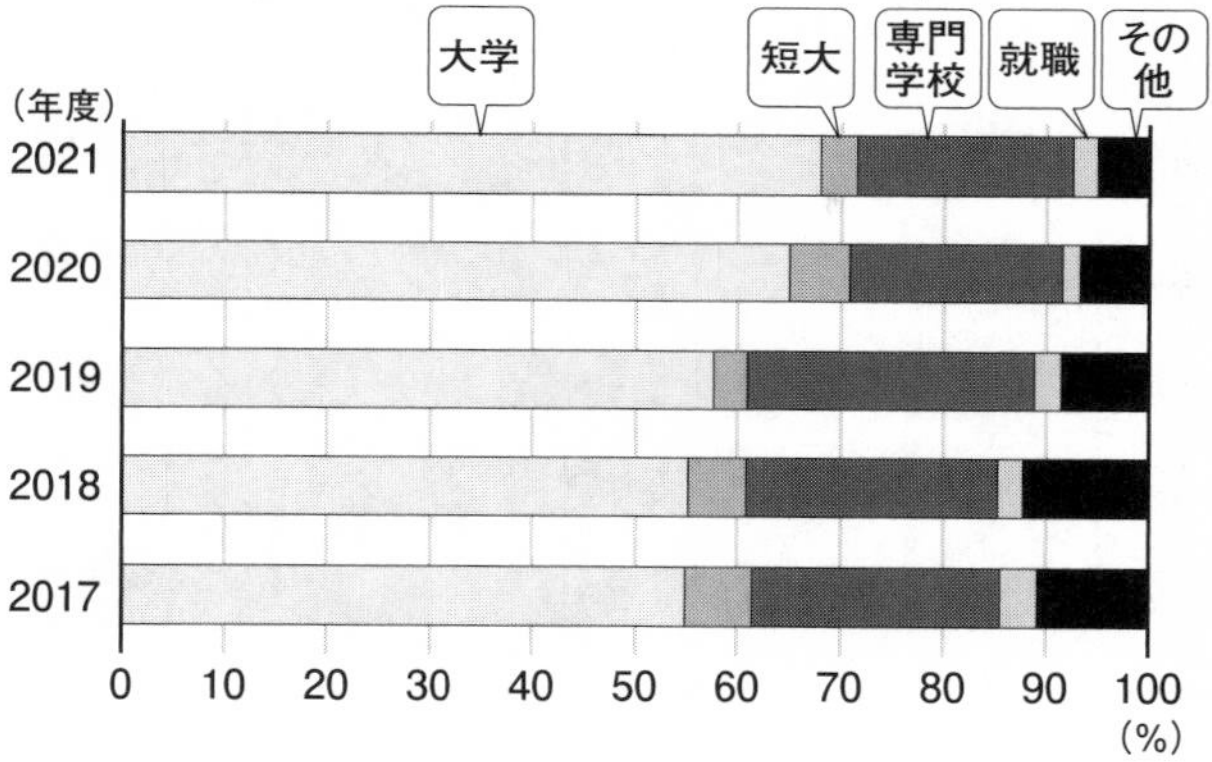

（X高校HPより作成）

図2　全国の高校生の進学先（2016〜2020年）

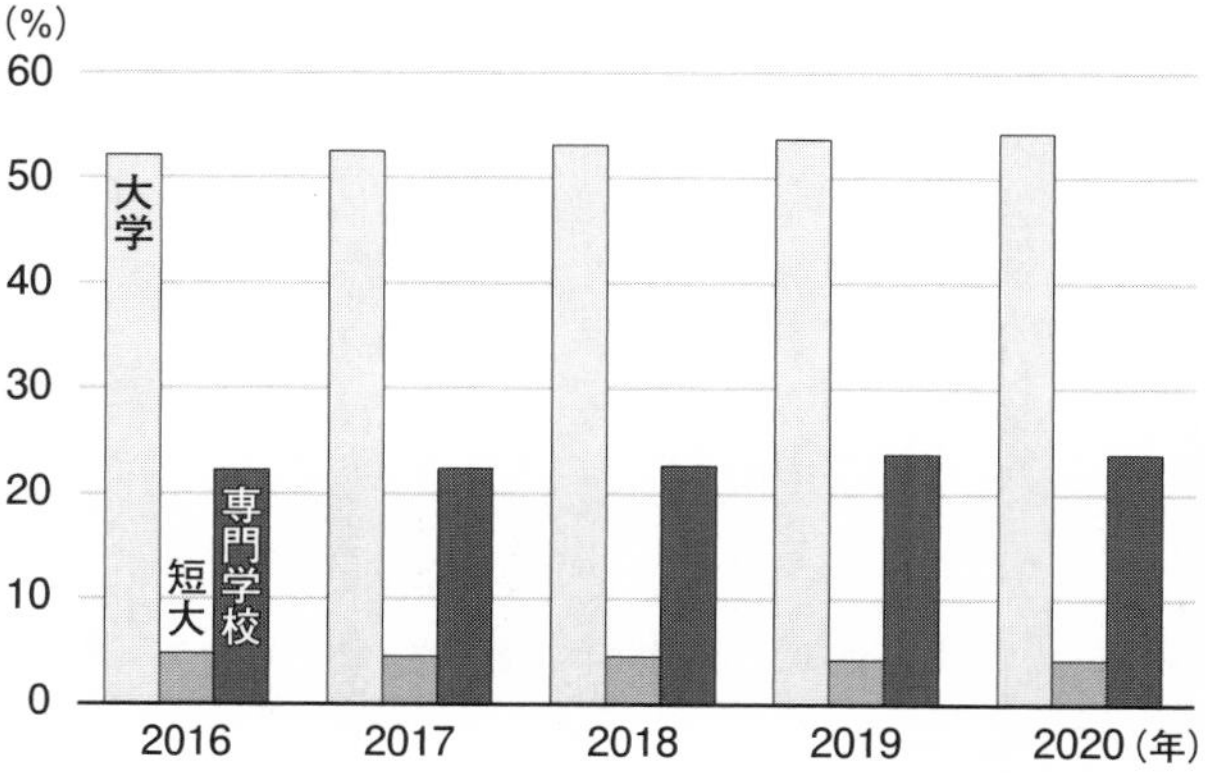

（文部科学省「学校基本調査」より作成）

図3　X高校の受験パターン(2017〜2021年)

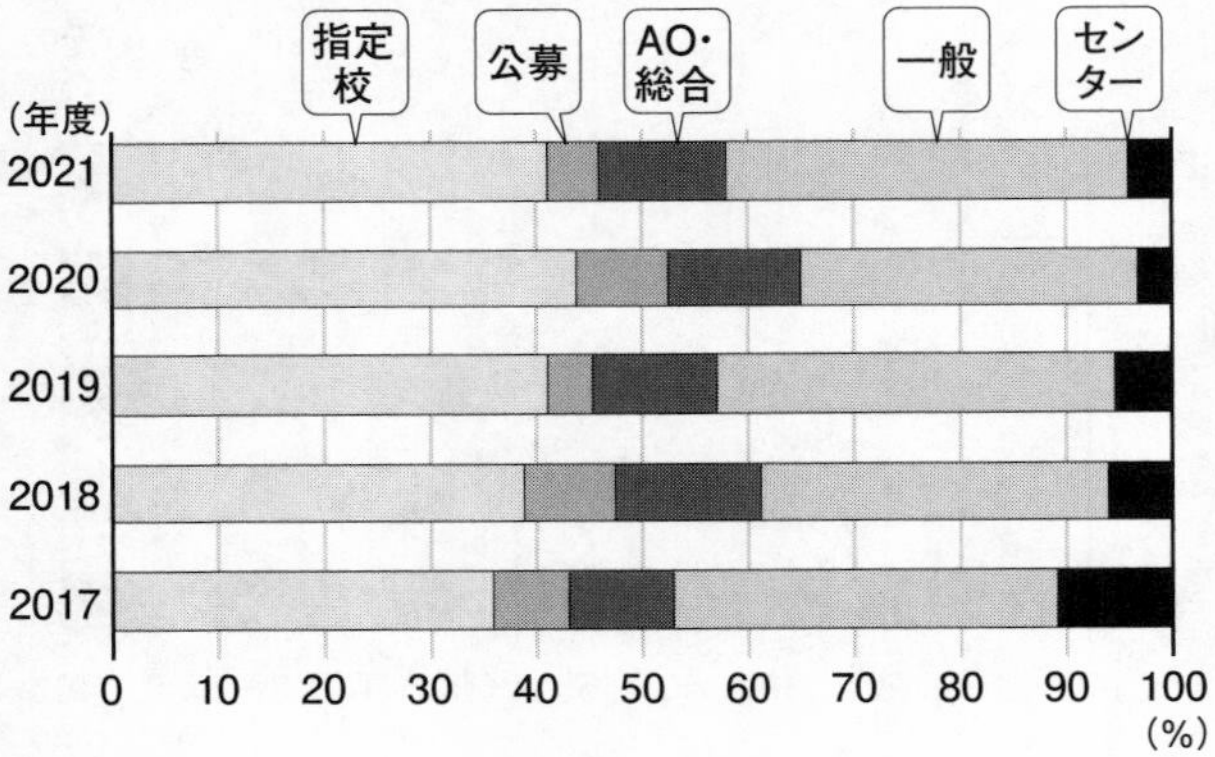

(X高校HPより作成)

は認められないことがわかる。

先のZ高校、Y高校では既に大学進学率が100%に近いので、全国の大学進学率を押し上げることはできないが、X高校のような「学力中位校」は近年の大学進学率上昇に寄与していると考えられる。

では、X高校の生徒はどのような入試方法で進学しているのだろうか。これをまとめたのが図3である。2021年度から入試制度が変わり、従来の指定校推薦と公募推薦が学校推薦型選抜、AO入試が総合型選抜、一般入試が一般選抜、さらにセンター試験が共通テストに変更された。

この変更を踏まえながらデータを見てみると、X高校では指定校が例年30%台後半から40％台半ば、公募が4％から8％台半ば、AO・総合が10％から13％台後半となっており、一般受験ではない入試方法で進学する生徒が進学者全体の50～60％台となっている。この割合は、筆者が知る限り、「学力中位校」の中ではやや低い割合と言える。

先述した通り、X高校の偏差値は「学力中位校」の中では高い方である。また、X高校の周囲は交通の便が良くないので、周辺の中学生の中には、多少の偏差値の高低よりも通学の利便性を重視して同校を選ぶ者もいる。このような生徒の存在が、学力重視型の一般受験やセンター・共通テスト利用の入試法を選ぶ割合の高さにつながっているのではないか。

進学先の大学を見ると、毎年、現役・浪人を合わせて国公立大学に数名、「GMARCH」レベルに10～20名、「日東駒専」レベルに40～50名程度合格者を出している。

次に、専門学校の系統別を見てみたい。その年に進学者が多かった系統上位5つをまとめたものが表3である。例年、最も進学者が多い系統が「看護」であることが特徴となる。この表にはないが、さらに詳細を見ると、アニメや音楽、ゲーム、メイクなど現在の高校生の間で人気が高い分野への進学者がごく少数となっている。このような分野選択は「学力中位校」の特色と言えるだろう。

実は、都市部の公立高校では「学力中位校」の立場は非常に難しく、生徒の学力低下が

表3　X高校専門学校進学者が選ぶ分野・系統
（2017〜2021年）

2017年		2018年		2019年		2020年		2021年	
系統	人数	系統	人数	系統	人数	系統	人数	系統	人数
看護	28	看護	14	看護	18	看護	24	看護	17
工業	12	ビジネス	14	工業	11	理美容	8	電子	10
医療その他	6	医療その他	8	電子	10	電子	8	工業	6
ビジネス	6	旅行・ホテル	6	美術	5	動物	4	語学	6
語学	5	電子	6	医療その他	5	旅行・ホテル	3	理美容	5

（X高校HPより作成）

見られる学校も少なくない。その理由は、私立高校との競争にある。都市部とその周辺ではこの層の生徒をターゲットとする私立高校が多く存在している。２０１０年の「高等学校等就学支援金制度」により、年収など受給資格に制限はあるものの公立・私立の高校生に金銭的支援が始められたことで、公立高校にとって競争は一層厳しいものとなった。私立高校の方がイメージ戦略に長《た》けており、ＰＲも得意でフットワーク軽く中学生に働きかけることができる。そのため、公立高校の「学力中位校」は生徒募集に苦しむようになり、地盤沈下状態になっている高校もある。

Ｘ高校も入試倍率は決して高くないが、その進路実績を見ると、教職員は着実に手堅く生徒を指導していることがわかる。しかし、週刊誌に取り上げられるような有名大学への進路実績や人気あるスポーツの全国大会での活躍など、一般的に注目されるものがないので、その努力と成果はなかなか広く知られていかない。そこが、「学力中位校」に共通する悩みでもある。

「学力低位校」には2種類ある

最後に「学力低位校」に分類される高校の進路選択を見てみたい。

一口に「学力低位校」と言っても2種類に分けられると考えている。それは、高校入学時の段階ではどちらも学力は低いものの、一方は高校生活の中で能力や学力を伸ばせる学校、他方は高校生活の中で教育活動がうまく機能できない学校、つまり「教育困難校」である。

少子化の影響、さらに時代の変化を推進力とし、この20年間程高校改革が進められており、現在は様々なタイプの高校が存在している。各地の教育委員会では高校生数の減少に伴い公立高校を減らす、つまり統廃合をしつつ時代の要求に合わせて新しい高校を創り出す動きが見られる。普通科と商業や農業など専門学科の折衷タイプの総合学科の創設や、昼間に授業を行う定時制、毎日登校する必要のない通信制など新たな形態で教育が行われている。

しかし、一般社会からは、大学進学実績につながる高校受験時の偏差値のみで高校が評価されているような状況だ。これらの新しいタイプの高校や、従来からある商業や工業、農業などの専門高校は、その必要性や教育の質に拘《かか》わらず、偏差値ランクの下位に位置づけられ、「学力低位校」となっている。

だが、物づくりが好き、農業をやりたい等の目的意識を持った高校生は、自分が本当にやりたいことを学べる環境にあると学力や能力が伸びる。高校入学時に、自分の好きなことが決まっていることの裏には、幼少期から各種の体験をしてきた成育歴があるとも推測できる。地域の問題を解決しようと地元企業とコラボレーションして新商品を開発する高校生、絶滅の恐れがある在来種の動物の繁殖に挑む高校生等が時々テレビや新聞で取り上げられるが、それらは専門高校の生徒がほとんどで、皆、目的意識を持った力のある表情をしている。筆者は、このような高校を「教育困難校」とは呼びたくない。

その一方、個々の生徒が抱える問題が多岐に及び、いくら教職員が努力しても、その解決の糸口もつかめないまま3年間が過ぎ、教育活動を行うのに非常に労力を費やしながらも成果があまり見られない高校を、筆者は「教育困難校」と称する。実は、この「教育困

図4　W高校（専門高校・工業）の進路実績

（2017〜2021年）

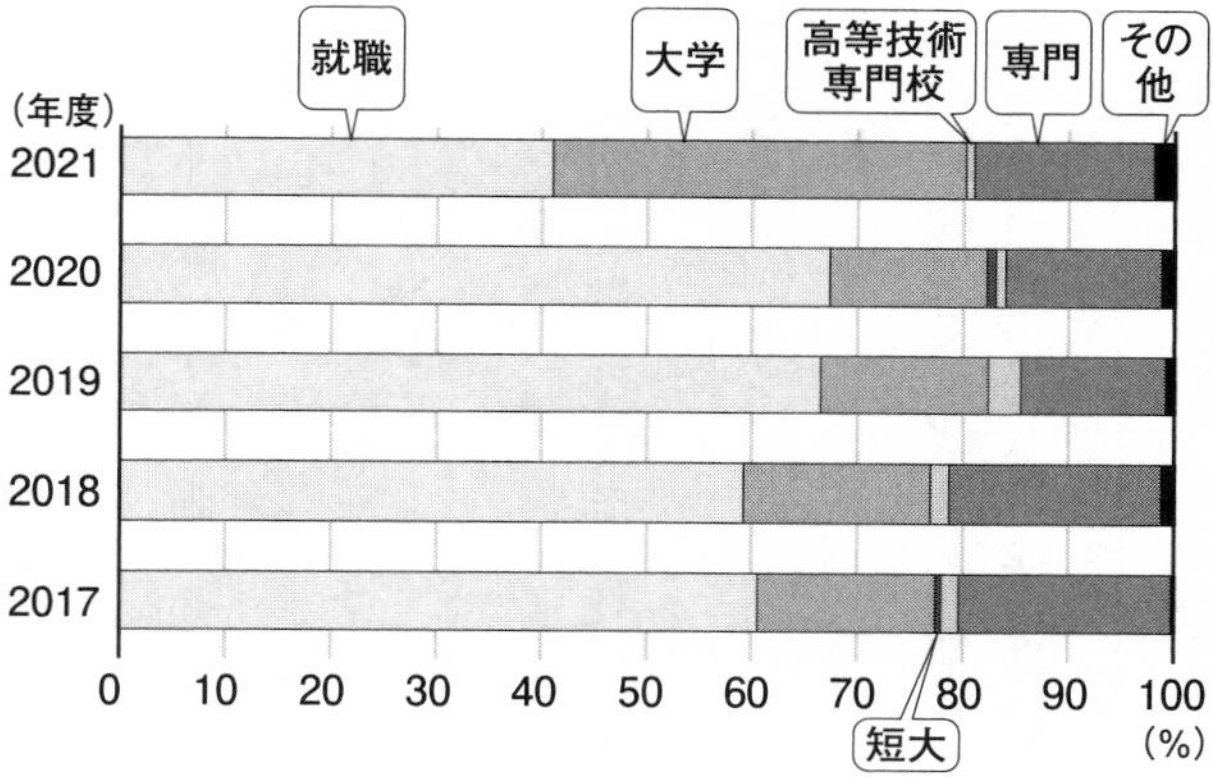

（W高校HPより作成）

難校」に似た状況は、大学や専門学校等でも見られるはずと確信もしている。

2種類の「学力低位校」の違いは進路選択の差としても現れる。図4は、先述の3校と同じ県にある専門高校W高校の公表されている進路実績である。

ここでは就職者の高い割合に注目してほしい。工業系の学校として長い伝統があるW高校は就職に強い学校との評判がある。地域企業からの信頼は、応募者をこの高校を含む数校に限定する学校指定求人の高い倍率として表れている。一時、10倍台の時期はあったものの、ここ数年の求人倍率は20倍を超えている。2020年度は新型コロナウイルス感染拡大の影響を受けた最初の年で全国的に高卒求人の減少が見られたが、W高校では例年よりも多い就職者を出している。

一方、大学、専門学校への進学者の割合を見てみると、2021年度に大学進学が大幅に増加しているものの、どちらも一貫して増加傾向にあったとは言えない。大学進学者は工業系の専門分野に指定校や公募の学校推薦型で入学している。また、専門学校でも工業系の分野に進学している。まさに、生徒たちは好きなこと、得意なことを高校で学び、それを将来につなげていると言えるだろう。

このW高校には電気科等複数の科があるが、どれも偏差値は40台半ば以下となっている。偏差値だけ見れば「学力低位校」であるが、その進路選択を見れば、高校での教育活動が就職や向学心に結びついており、この高校は「教育困難校」ではないと断言できる。

最も進路選択に困難を伴う「学力低位校」

次に、もう一つのタイプの「学力低位校」についてである。ここでは、これまでの高校と同じ県内にあるV高校の進路実績を見ていく。

この高校は、ニュータウンが開発された地域に1980年代に開設された共学校である。

図5　V高校（普通科他）の進路実績
（2017〜2021年）

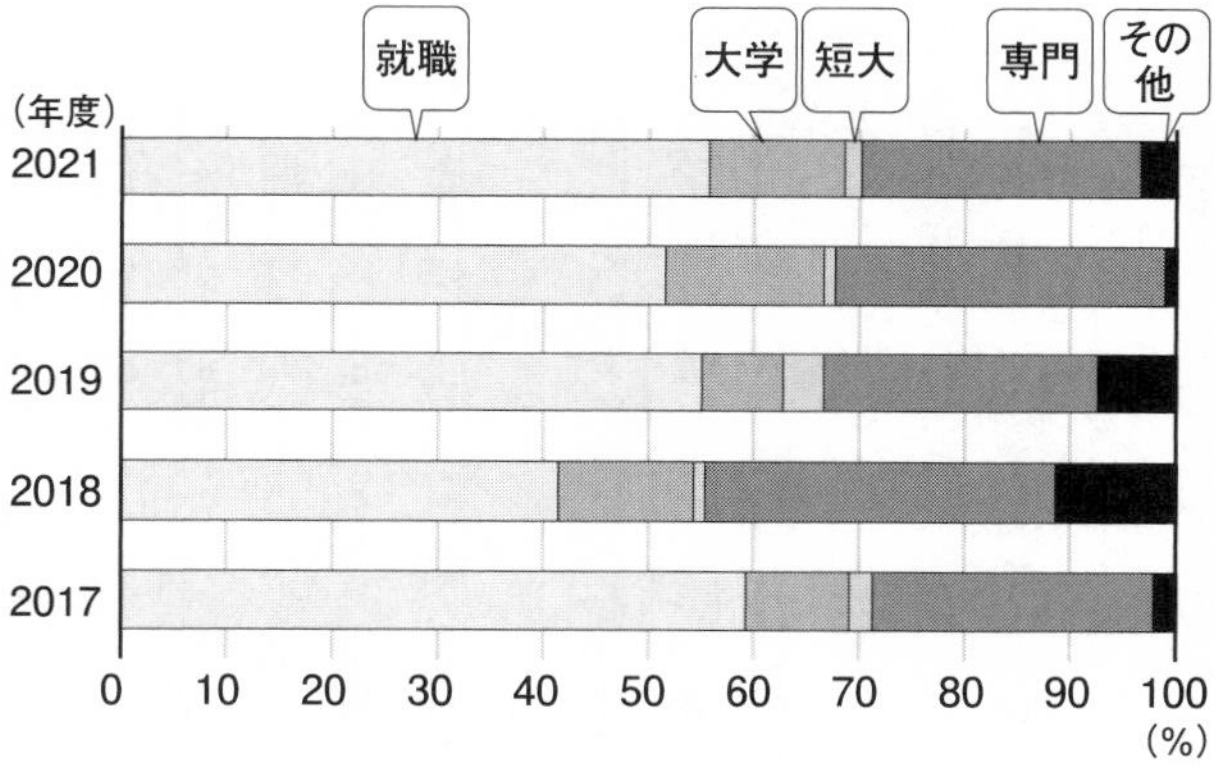

（V高校HPより作成）

最寄り駅から運行本数の少ない路線バスを利用する交通の便が良くない立地にある。ニュータウン住民も高齢化し、周辺の中学校の生徒減少もあり、教職員の努力にも拘わらず生徒募集に常に苦しみ、２０１６年度に１クラス減となって、現在は普通科等2科、定員は各学年１２０名である。この高校の進路状況が図５となる。

例年、就職者が最も多いが、その割合の増減は大きい。就職者が少ない年には大学や専門学校などの進学者が増加し、就職者が多い年には進学者が減少する傾向が読み取れる。ここから、本人の意思か家庭の事情かは不明だが、この学校の生徒はまず就職をしようと考え、それがうまく行かなかった時に進学を考えるという動きをしている可能性が推測できる。第3章で述べるが、事実、「学力低位校」の生徒には就職は非常に実現が難しい進路になる。その一方、就職活動で内定が取れなくても、その後からでも入試に間に合う大学や専門学校は沢山ある。

学校が公表している進学データの詳細を見ると、この5年間で短大の2名が一般受験をしたものの、それ以外の大学・短大進学者は全員、指定校や公募の推薦、AO・総合型選抜の入試で進学している。また、進学したのは、大学受験の業界で「大東亜帝国」と言われるグループに入る大学に数名、それ以外は大学入試の偏差値がより低い大学であり、県内大学への進学が大多数となっている。

進学者の中では数の多い専門学校進学者の進路選択についても、同校は詳細に公表している。それを参考に、年ごとに、複数の生徒が選択した分野を集計したのが表4である。年ごとの実数は異なるものの、全体の特徴は、先の「学力上位校」「学力中位校」とは全く違うことがわかる。国家資格を目指す分野では「調理・製菓」「美容」が多く、この他、高校生に人気がある分野を目指す者が毎年現れている。これらの進路選択が、彼らの将来の方向性をどのように定めると予想できるかは後述する。

表4　V高校専門学校進学者が選ぶ分野・系統

（2017〜2021年）

2017年		2018年		2019年		2020年		2021年	
系統	人数	系統	人数	系統	人数	系統	人数	系統	人数
ゲーム	5	自動車整備	8	情報	15	情報	5	情報	4
調理・製菓	5	調理・製菓	4	調理・製菓	3	自動車整備	4	看護	3
自動車	4	美容	3	福祉	2	看護	2	美容	3
情報	4	動物	3	自動車整備	2	調理・製菓	2	自動車整備	3
美容	2	アニメ・映画	3			ビジネス	2	調理・製菓	2
						ダンス	2	動物	2
								CG・映像	2

（V高校HPより作成　2018年より卒業生数1クラス分減）

これまで、同じ県内の高校を見てきたが、「学力低位校」は本論の中核であるので、少し離れた地域の同種の高校の進路実績も参考として見ておきたい。

図6は、関東地方の別の県にあるU高校の進路実績である。U高校は先のV高校同様、1980年代に地元地域の要望により創設された高校である。当時は、鉄道など公共交通網が不便だったので、地元の中学生が進学する高校を作ろうという地域住民の熱意が開校を推進した。周囲は、比較的歴史の浅い臨海工業地帯であり、大規模工場が林立している。そこで働く従業員の福利厚生のためか、各種スポーツ施設や大病院も存在する活気に溢れた地域だ。U高校

図6　U高校（普通科他）の進路実績
（2017〜2021年）

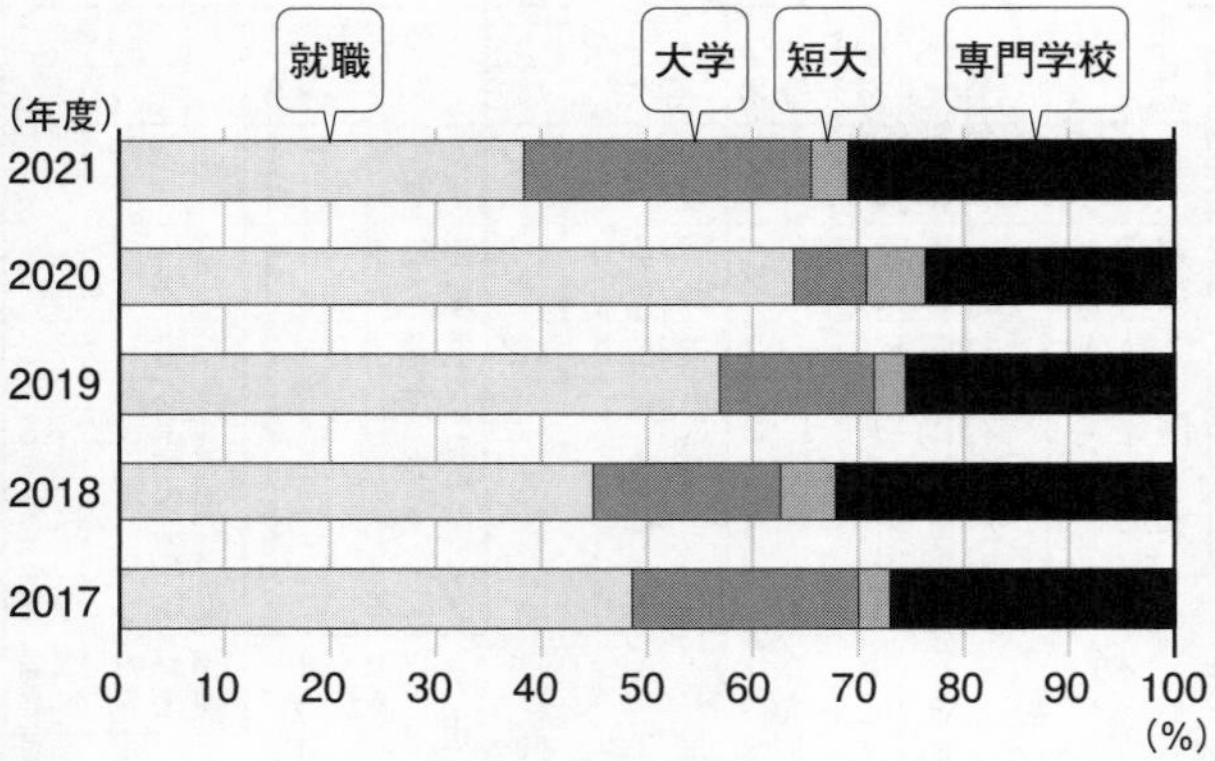

（U高校HPより作成）

も少子化の影響で2016年度以降、現在までに2クラス分の募集定員減が行われている。

このような立地にあるU高校では就職する生徒が多く、2020年には60％を超えている。

先のW高校、V高校同様、就職者が最多という特徴を持つが、W高校のように高校在学中に専門性を培うことがなかったので、就職先は製造業、小売業、サービス業と多岐にわたっている。

進学については、利用した具体的な入試方法をこの高校では公開していない。進学先を見ると、浪人をしていわゆる「日東駒専」レベルの大学に合格した者が2、3名いるが、それ以外は入試偏差値が低い大学に進学している。断定はできないものの、それらの大学の学生募集状況から考えると、おそらくこの高校からの進学者は一般選抜以外の方法で合格したのではと推測できる。

この5年間、常に20〜30％台の生徒が専門学校進学を選んでいる。その中で、複数進学者がいる系統を表したのが表5である。

この高校では「看護」に毎年複数の進学者を出している。この点は「学力中位校」や「学力上位校」と同じと思われるかもしれないが、事情はやや異なる。先述した通り、同校の周辺には大きな病院が複数存在し、そこに看護学校が併設されている。さらに、地域の医師会が開設する准看護学校もあり、病院でアルバイトとして働きながら学ぶルートも根付いている。どの学校でも自治体や病院独自の奨学金の利用もできるので経済的な負担も軽くなる。この点が魅力となって、このルートで進学する者は毎年一定数存在している。

それ以外の系統は、従来からメイクやアニメ、映像、動物等今どきの高校生が興味を持っている分野を選んでいる生徒が相当数存在する。この点は、先に見たV高校と同様の傾向である。2021年度では医療事務やリハビリテーションなどの選択が増加したが、これは新型コロナの影響を受け、医療系への関心が高まった結果と言えるかもしれない。

表5　U高校専門学校進学者が選ぶ分野・系統

（2017～2021年）

2017年		2018年		2019年		2020年		2021年	
系統	人数	系統	人数	系統	人数	系統	人数	系統	人数
看護	12	イラスト等	6	看護	4	ビジネス	6	医療その他	3
文化その他	6	ビジネス	5	ビジネス	3	美容	5	美容	3
美容	5	情報	4	美容	2	イラスト等	4	看護	2
ヘア・メイク	4	看護	3	自動車	2	ヘア・メイク	3	リハビリ	2
ビジネス	4	アニメ・映像	2	保育	2	スポーツ	3	動物	2
自動車	4	美容	2	医療その他	2	歯科衛生	2	ビジネス	2
保育	4			動物	2	看護	2		
医療その他	3			ヘア・メイク	2	文化その他	2		
イラスト等	3								
歯科衛生	2								
情報	2								
アニメ・映像	2								

（U高校HPより作成　2018年より卒業生数1クラス分減）

2つのタイプの「学力低位校」の進路選択を見てきた。2つのタイプに共通するのは就職者が多いこと、大学・短大への進学者が一貫した増加傾向にはないことである。その上で、特に「教育困難校」では、進学先となる大学・短大は受験偏差値が低い学校にほぼ限定されている点、一般入試以外の受験方法を選ぶ者が多い点、専門学校の系統選択では、その時点で興味のある系統を選ぶ生徒が少なくない点が特徴として挙げられる。

学力が低い高校生はどうしてこのような特徴を持つ進路選択をするのだろうか。それを知るには「学力低位校」、中でも「教育困難校」の生徒たちの学力や気質面などの現状を知る必要がある。その上で、彼らの選んだ進路は、現在どのような状況なのか、また、その選択は将来の生活設計にどのような影響を与えるのか、引き続き論を進めていく。

第2章　なぜ学力が低迷したのか

前章では、高校を学力で分類し、それぞれの進路選択の特徴を見てきた。ここからは、「学力低位校」の中でも「教育困難校」の生徒にスポットを当てる。既に広く知られている通り、彼らは経済面を始め多くの困難や不利な条件を抱えている者たちであり、彼らの進路選択が困難等の解消に結びつくのかを検証するのが、本書の意図だからだ。

この章では、彼らが義務教育の段階で学力を伸ばせなかった理由を考察し、それに続いて、現在、高校で行われている学力向上への試みについて、実際にそれに携わっている方への取材内容を記していく。

近年、日本の高等学校の進学率は約98%であり、義務教育段階でどのような学力の生徒でも高校に進学する状況が続いている。そのため、一口に高校といっても、そこに学ぶ生徒の学力差は非常に大きくなっている。既に20年前に、苅谷剛彦氏や志水宏吉氏ら教育研究者が、日本の子どもたちの学力はラクダのこぶのように二極化していると指摘しているが、現在も上位層と下位層の隔たりは解消されていない。

筆者の考えでは、義務教育段階で学力が伸びない理由は2つに大別できる。

まず、本人の先天的な能力には何の問題もないが、学習できない環境にある、もしくは学習に価値を置かず学習しようとしない子どもだ。

学習できない環境とは、経済的困窮、不安定な家族関係、家族や本人の病気等で落ち着いた日常生活を行うことができない環境である。

この中には、親が外国にルーツの一部を持ち、子ども本人も途中から日本の学校に入ったため日本語能力が伸ばせていない子どもも含まれる。また、最近、注目されているヤングケアラーと言われる子どもたちもここに含まれる。

さらに、家族だけでなく本人が先天的な心臓病や腎臓病、重篤なアレルギーなどの病気を抱えている場合もある。近年、これらの子どもたちへの教育、いわゆる「病弱教育」を養護教諭が中心となって整備する動きがあるが、まだ道は半ばである。

いずれにせよ、上述のような状況であれば、家庭で予習・復習を行おうとしても諸事情で集中できず、塾や習い事も不可能になるので、学校での学習や教師の指導が唯一の学習機会になってしまう。

学習に価値を置かない家庭も現実にある。幼い頃からスポーツ競技や音楽、ダンスを習わせ、そこでコーチに素質を褒められると、「うちの子は将来プロになるからそちらに集中させる」と決めてしまう保護者がいる。さらに、保護者がかつて行っていたスポーツ等を、保護者が意識しているかどうかはともかく、子どもに半ば強制的にやらせるケースもある。自分がやったことであれば練習環境は整えやすいだろうが、そのスポーツ等への素質は親子であっても必ずしも遺伝するものではない。これは、保護者が果たせなかった夢を子どもに託すことにもなり、保護者のエゴとも言えるだろう。

もちろん、一つのものに集中させる教育方針で突出した成果を出す人もいる。けれども、限られた地域や集団の中で目立つ人であっても、国や世界レベルで活躍できる人はほんの少数だ。その現実を、子どもの将来設計に織り込もうとしない家族が存在する。どのような職業についても、義務教育で学ぶ学習内容は基礎学力であり一般教養になるという考えがなく、学校でも学習しようとする態度が見えなくなる。保護者の考え方の背景には、自らが学習や学校生活にうまく適応できなかった体験がある場合も多い。

学力が伸びないもう一つの理由が、先天的に何かしらの障がいを持っている場合である。身体的障害や知的障害は、就学時までの各種の検診等で発見される率が高いが、これまで見過ごされがちだったのが発達障害である。

発達障害の特性を持つ子どもたちの多くは、他者との距離感をつかむこと、自分の感情を抑えること、他者と同じペースで身体を動かすこと等が苦手という特徴を持つ。これらの特徴だけでも、基本的に集団で行う学校での学習に困難が生じやすいことは推測できる。それに加えて、物の見え方が通常の見え方と異なる、眼球の動きのバランスが悪い、数字や文字が動いて認識されるなど直接学習に支障をきたす特徴、いわゆる学習障害（ＬＤ）が現れる場合もある。このような子どもは、先天的な特性に気づかれなければ、単に勉強ができない子と周囲から思われてしまう。

残念ながら、発達障害に対する認知度が社会的に低かったこともあり、２０００年頃まではこれらの子どもへの支援は、先駆的な学校や団体等を除いて、学校でも地域でもほとんど行われていなかった。

経済的貧困状態にある子どもへの支援がスタート

義務教育段階で学力を伸ばせない子どもへの支援は、経済的貧困状態にある子どもへ民間団体がボランティアで学習を教えることから始められた。

組織だった活動で最も早くから行われていたのが、埼玉県で2010年から始まった「アスポート」の活動だろう。これは、経済的に厳しい家庭の子どもの高校進学率が低いことに気づいていた元教員たちがNPO団体を作り、生活保護世帯の中学生を対象に学習を支援する教室を設けたことを出発点とする。2013年には、高校の中退防止を目的として高校生対象の教室も設置している。その後、県の事業に継承され、2021年3月には中学生教室106、高校生教室60に拡大している。

「アスポート」の活動は先駆的であったが、現在では多くの地域で同様の学習支援が行われている。その起点となったのが、2015年に施行された「生活困窮者自立支援法」である。この法には、生活困窮者の就労支援や一時金貸付など様々な事業が計画されており、その一つに「貧困の連鎖」を断ち切る目的で、学習支援事業が明記されたのである。さらに、2018年には子どもの保護者への生活習慣、育成環境改善等も事業内容に含まれた。そこから各地域の実情に合わせて、独自の学習支援事業が行われるようになったのだ。

しかし、問題点もある。まず、実施している地域の多くで、支援対象が生活保護受給世帯と準生活保護受給世帯、対象を広げてもひとり親世帯に限られている点がある。これでは、保護者が懸命に働き生活保護受給を辛うじて避けている家庭や、経済的余裕はあっても経験や人間関係などの面では貧困状態にある家庭の子どもたちは支援対象外となる。

さらに、受けられる学習支援は週1回2時間程度であり、学校の勉強でわからなかったことを全て理解できるようになるには絶対的に時間が足りない。

また、子どもは無料で支援を受けられるが、事業の運営には資金がかかる。そのため、各自治体では運営団体を公募で決めるケースが多い。この形式では、支援員の指導力ではなく、低い予算額で入札した団体、多くは学習塾等を運営する教育関連企業が指定されることになる。企業は利潤を追求する使命があり、ボランティア精神で入札するのではない。事業の対象となる子どもは低学力だけでなく多くの問題を抱えている場合がほとんどであり、有効な指導ができる経験と知識、適性を持った支援員が支援に当たることが望ましい。しかし、公募で決められた企業や団体の指導員の中にそのようなスキルが不足している例がこれまでにもいくつかあった。

こうした点も含み、最大の問題点は各地域で支援の質や内容が大きく異なっている点である。教育における地域格差は、学習支援の面でもあなどれない。

加えて、別の問題もある。一人の子どもの学力がどのレベルか、家庭状況に恵まれていないかなどに最も早く気づけるのは学校の教員であるはずだ。だが、教員にはこの制度自体を知らない人が多い。この制度は社会福祉分野の事業なので福祉の管轄になるが、学校は教育の管轄であり行政においては別組織になるからだ。もちろん、行政の縦割りを廃止し、各課が連携して取り組んでいる自治体もあるが、現時点では少数派だ。

そもそも、生活困窮者自立支援事業自体の国民に向けたPRが少ないように感じる。制度の目的は社会的弱者を救済しようとする優しさがあるものなのに、「生活困窮者」という文言が対象者に優しくない印象でもある。この言葉が、対象者に感情的に辛い思いをさせ、積極的に利用しようという意欲を失わせるのではないかとも懸念する。

学校での支援は発達障害の子どもへの支援から

学校の勉強についていけない子どもへの学校内での支援は、小学校を端緒とする。1990年代半ば以降、小学1年生の中に集団生活に慣れていない子どもが多数存在し、クラスの雰囲気が落ちつかない現象が見られるようになった。そして、いわゆる「学級崩壊」状態が各地で起こるようになり、これを教育関係者が「小1プロブレム」と名付けた。その対策として、地域により「小1プロブレム学習補助員」といった呼称の職員の配置が進められる。これは、他学年でも配置されるようになる、授業中に教員の指導をサポートする職員の先駆けと言えるだろう。

これより少し遅れて2000年代初めから進められているのが、発達障害の子どもへの支援である。

その大きなきっかけは、文部科学省が2002年に初めて行った「通常の学級に在籍する特別な教育的支援を必要とする児童生徒に関する全国実態調査」で、全児童・生徒の6・3%、小学校では1クラスに1・2人が発達障害の疑いがあるとの結果が発表されたことだった。

この調査の実施方法には教育関係者から疑問も呈されているが、初めて実態調査を行った意義は大きい。これ以前から、発達障害、特に学習障害の子どもの保護者が学校での支援を求める運動を行っていたが、この調査はその活動を活発化させることになった。

国も2004年には、発達障害の早期発見と支援を明記した「発達障害者支援法」を発し、2006年には、この特性を持った児童生徒を、それまで知的障害・身体障害の子どもに行われていた通級指導の対象とすることが決められた。さらに、2016年に施行された「障害を理由とする差別の解消の推進に関する法律」、通称、「障害者差別解消法」では学校が合理的配慮を可能な限り提供することが義務付けられた。

このような国の動きを受け、発達障害の特性を持つ子どもへの具体的な支援を各自治体は進めている。例えば、障がいを発見された幼児から小学校低学年までの子どもを対象にソーシャルトレーニングや学習の困難さを軽減するトレーニングを行う支援センターが各地で新たに設置された。

小学校では発達障害の特性のある子どもの多くは普通クラスに所属し、先述のトレーニングを行う通級学級に決められた時間に通い、専門的知識を持つ教員の指導を受けている。学校は先の法律で要求された「合理的配慮」を行うために、保護者と相談して、子どものこれまでの成育歴・支援歴等をカルテのようにした「サポートブック」や個別の支援計画を作成し、子どもの特性の情報を学校全体で共有し支援するという形も整えられつつある。具体的な合理的配慮としては、文字列が塊として見える特性がある子どもには文字に当てて他の字を見えないようにする穴あきスケールの使用を認める、周囲の音に非常に敏感な子どもにイヤーマフを付けることを認める、感情が抑えづらい子どもにクールダウンする場所を用意するなどが先進的な地域から実施され始めている。

通級指導か「インクルーシブ教育」か

文部科学省が行う発達障害の特性を持つ児童生徒の実態調査は、2002年以降10年ごとに行われ、2022年にも行われる予定である。同省が毎年行う「学校基本調査」では通級を利用する児童生徒数が調べられているが、その数は年々増加している。2019年は「通級による指導実施状況調査」が行われ、この調査では小学校で通級指導を受けている児童数は11万人を超え、この中には発達障害の児童も多く含まれている。この障害が社会的に認知され、早期に対策と支援を希望する保護者や子どもが増えていることが背景にあるだろう。

一方で、世界では発達障害だけでなく障がい者が健常者と同じ場で学ぶ「インクルーシブ（包摂）教育」が主流であり、通級という別の場で学ぶ日本のやり方への批判も出ている。また、早期に医療機関で診断を受け、治療として薬を処方されるケースも増え、若年時からの投薬が心身に与える影響についても懸念されている。だが、問題は多々あっても支援が始められたことを評価すべきだと考える。

筆者は2020年まで、首都圏のある自治体の教育支援センターで教育相談を担当したが、そこでいじめ被害等で学校生活に苦しんでいる児童・生徒と保護者を数多く見ていた。

苦しむ原因は様々だが、本人と保護者がはっきりと気づいていないものの、発達障害の特性を持つ子どもに特有な言動で周囲と軋轢《あつれき》を起こしているケースは多々あった。その反面、既に診断や療育を受け、相談の初回から「うちの子どもは発達障害ですから」と言ってくる保護者も存在し、今でも発達障害に対する情報量には家庭により大きな差があることを学んだ。情報を入手し得ていない保護者は通級指導のことも、学校が「合理的配慮」をできる限り行わなければならないことも知らなかった。そのような子どもや保護者に学校に支援を要求してもよいことを伝えると、一様にほっとした表情になった。

本来は、全ての子どもが同じ場で一緒に学ぶことが最良だろう。それは、多様な人間で構成される社会のモデルにもなり、そこでの経験は対人関係の基本姿勢やコミュニケーションスキルとして将来社会に出る際に必ず役立つと考える。しかしながら、現在の日本の教育環境では難しいと言わざるを得ない。

例えば、小学校では一部の授業に学習支援員を配置するなどの工夫をしているが、それでも1クラスの人数が多いので個別の支援は滞りがちだ。そもそも、一部ではなく全ての授業に学習支援員が同席できることがベストであるが、それが可能となるほどの人数は配置されていない。

さらに、教員も学習支援員も必ずしもこの障がいへの知見や対応経験が豊かではなく、本人に悪気はなくても「どうして皆と同じようにできないの」といった言葉でかえって子どもを傷つけてしまうことが最近でも起こっている。

それ以上に学校生活の中に蔓延《まんえん》しているのは「集団の中にいる他の人に迷惑を掛けたくない」という考え方だ。例えば、音楽の合奏で自分が楽器をうまく演奏できなくて、周囲に迷惑を掛けていると子ども自身が自分を責める気持ちが非常に強いのだ。たくさん練習をすれば上達するという説は全ての子どもに当てはまるわけではない。

こうした場合、その集団から離れてよいと言われると子どもたちの心の重荷が取れるようだ。そして、集団の中には、自分たちのペースを乱す異分子がいなくなることを内心では歓迎する子どももいる。このように、何よりも集団の和やペースを合わせることを重要とする思いは根強くあり、それが多発するいじめの原因にもなっている。

一方、通級や特別支援教室、特別支援学校では教員が一人の生徒もしくは少人数に対し、それぞれのペースに合った指導を行っている。そのため、これらの場を居場所と感じ、初めて学ぶことの面白さを知ったという子どもを沢山見てきた。

理想的なインクルーシブ教育を行うには、現状の学校はあまりに集団中心の指導であり、教員や生徒の同調圧力や集団構成員への忖度《そんたく》が強すぎる。今いる子どもにとにかく必要なサポートを行う、それと並行して学校という場の雰囲気を変えていく、さらに必要な費用と人員を学校教育に配分する、これが現時点での最良の方法と筆者は考える。

このようにまだ問題は多々あるものの、小学校での「合理的配慮」はこの間、着実に実績を上げていることは間違いない。個々の児童の学力や能力が、「合理的配慮」の下で伸びていくことは、その先の高校の学力差を縮小し進路格差の解消にもつながると期待できる。

では、中学校での支援はどうなっているのだろうか。残念ながら、同じ義務教育ながら、中学校での支援は大幅に遅れているのが現状だ。

先に挙げた文部科学省の「令和元年度　通級による指導実施状況調査」によれば、小学校で通級を利用している児童数116633人に対し、中学校では16765人と格段に少なくなっている。利用者が少ない理由は近年、都市部を中心に増加しつつあるフリースクール等への進学などもあるが、最大の理由は中学校での通級指導教室の設置が遅れている点だ。各地で設置要望が出ているものの、設置には大きな地域差がある。

発達障害は、通級指導等で行うソーシャルトレーニングや学校側の配慮で、集団の中での困難さがやわらげられ、また、子ども自身や家族、教員など周囲にいる人々が対応策を学ぶことが可能である。けれども、先天的な特性は無くなるものではなく、環境が変わることで本人の不安が大きくなり、特徴的な行動が強く現れることがある。

同じ義務教育の場ではあっても、中学校は小学校とは環境が一変する。教科担任制や高校受験を意識した学習進度など大きな変化がある中、発達障害の特性を持つ生徒は集団に順応できず、教育相談室など本来の教室とは異なる場で過ごす、あるいは不登校になるケースが非常に多くなっている。

高校での支援はようやくスタートが切られた

前章で述べたが、高校は、受験偏差値によって地域ごとに序列化されている。それを可能にしているのが、各地に存在する高校受験用の塾が行う模擬試験の結果である。各地の塾が行う模擬試験で出た偏差値に対する信頼度は高く、私立高校入試説明会などでは、この模擬試験の受験偏差値を高校教員が直接聞くこともある。また、中学校では生徒の学力を客観的に判断するものとして特定の塾の模擬試験の受験を勧め、中学での進路指導の材料とするところもあるほどだ。

このように序列化された高校に、中学生は各々の偏差値に合わせて進学する。義務教育段階で学力を伸ばすことができなかった生徒は、当然、序列の下位に位置する「学力低位校」に、中でも経済的負担が少ない公立高校に進む。

一般的にはあまり知られていないが、高校にはいくつかの種別がある。大きく分けると、健常者が通う高校と、知的・身体的障害を持つ生徒が通う特別支援学校（かつての養護学校、盲学校、聾《ろう》学校）の高等部という種別になる。

しかし、発達障害の特性を持つ生徒への支援の必要性が認識されるようになり、2014年に開始された「高等学校における個々の能力・才能を伸ばす特別支援教育モデル事業」で、全国のいくつかの高校で先駆的に実施されるようになった。しかし、その数は、高校全体から見て極めて少数である。

義務教育段階で先述のような支援は行われているが、それでも、本人や保護者、教員が障がいに気づかない生徒がいる。学校現場でよく使われる表現に「グレーゾーン」という言葉がある。これは発達障害だけでなく他の障がいでも使われるが、障がいを持っているかどうかが判然としないエリアにある子どもを称する語である。また、保護者や子どもの意向で検査や診断をあえてしないケースもある。さらには障がい者と健常者が共に学ぶというインクルーシブ教育を実践したいと子どもや保護者が考えて、何かしらの障がいを持つ生徒が特別支援学校以外の高校で学ぶこともままある。

先天的に恵まれた能力を持っている子どもを除いて、義務教育で学習に関する支援が行われていなかった子どものほとんどは、受験偏差値の低い高校、あるいは入学時に受験そのものがない公立・私立の通信制高校に進学していた。

2020年前後から、このような生徒が多く在学している高校に、通級を設ける動きが都市部を中心として起こっている。例えば、東京都は2021年度からどの都立高校でも発達障害の特性のある生徒は通級で学ぶことができるようにする方針を発表し、また、土日や夏休みには「コミュニケーション アシスト講座」を設けることも決められた。

しかし、小・中・高を問わず、専門知識を持つ教員や設置のための資金の不足の問題がある。何より、始められたばかりで設置数も少なく、該当する生徒や保護者、指導する中学校教員にも十分に情報が伝わっていない。

上のような事情から、学力が伸びなかった理由は様々でも中学校卒業時に低学力と判定された生徒は、受験偏差値の低い高校に進学する状況が現在も続いている。このような学校では教職員が多大な努力をしているにも拘わらず、教育活動がなかなか功を奏していない。本来であれば、生徒一人一人、低学力になった原因を探り、現時点の学力を診断し、個別指導で学習理解を深めていかなければならないのだが、それを可能にする人員も資金もないからだ。

筆者はこのような高校を「教育困難校」と称し、その実態を度々発信し、『ルポ 教育困難校』でも詳述したので、興味がある方はそちらを参照していただきたい。現在でもこのような高校の状況はほとんど変わっていないことは、筆者に2021年3月に寄せられた公立教員の以下のメールからも確認できる。その一部を引用する。

「(拙書の)描写に何度も(中略)図星だわ……と感じ、時に涙が流れ、自分にも起こってきた情景が幾度と思い出されました。どうにもならない事象では、自分がちっぽけで、何のために働いているのかと、悔しい思いもしたものです。(中略)

授業が成立する高校は、ジャマする子たちがそこにいないからやん……と小さな声でボヤいています。(中略)アルファベットから仕込み直しの子たちは指導要領作成者の『高校生』に含まれておるんやろうか」

高校に配置された学習支援員

「教育困難校」の実情が周囲に少しずつでも理解されるにつれ、学力が低い高校生の学力向上を学校内で支援する人員を配置する動きが起こった。それは、発達障害に対する支援より少し早い2010年代後半から、東京都や大阪府、埼玉県等で開始されている。

この支援は教育委員会が資金を出してNPOなど外部団体に依頼する形で行われている。NPOには退職教員、現役学生を始め、様々な経歴を持つ人が所属し、学習支援活動に携わっている。これまで、高校教育関係者以外には知られていなかった、義務教育段階で学力を伸ばし得なかった高校生の姿は、このような支援する人々にどう映るのだろうか。

この疑問に応えてくれる方に取材することができた。首都圏で学習支援員を務めている大井さん（仮名）という男性である。彼の公立高校での学習指導の体験と生徒たちへの思いを以下に紹介してみたい。

大井さんは大学で社会福祉を専攻し、卒業後に公立の社会福祉施設に勤務した。

彼が福祉に興味を持ったきっかけは自らの体験にある。江戸時代から続く大きな農家の一門に生まれた大井さんだが、親戚に家族のトラブルや病気が相次ぎ、大井さんは幼い頃からそのような人をサポートしており、現在でも統合失調症に苦しむ甥を後見する立場にある。「子どもの頃から、自分の中に周囲の人をケアするフォームができていました」と、大井さんは語る。

仕事面でも社会福祉分野でのキャリアを重ね、特に、アルコール依存症に対する経験と専門知識は卓越している。

このような大井さんが定年退職後、福祉関連団体の嘱託職などいくつも声が掛かった依頼を断り、地域で困りごとを抱える人をサポートするNPO団体に所属したのは、これからも実際に困っている人々を助けたいという思いからだろう。

その後、東京都が特定の公立高校への学習支援員の設置を決め、それを委託された別のNPOが支援員を募集した時、大井さんは応募し採用され現在に至っている。

これまで学校という場とはほとんど無関係だった大井さんに、なぜ、高校生相手の仕事を選んだのか尋ねたところ、「大人の支援はたくさんやってきましたが、若い人の支援はあまり経験がなかったのでやりたいと思いました」と動機を説明してくれた。

彼の経歴を考えると、高校での学習支援員はまさに適任だと考える。なぜなら、学力低位校には、自分の家庭に、本来福祉分野が対処すべき問題を抱えている生徒が多数存在するからだ。従来の経験があるからこそ、勤務して間もなく高校生の実態に気づいている。また、大井さんの穏やかで安定した理性的なたたずまいは、高校生に安心感を与えるだろうと推測できる。

大井さんは、現在まで5年間同じ公立高校、F高校で学習支援員を続けている。F高校は全日制普通科で学力に自信がない生徒を受け入れ、「学び直し」ができることを謳《うた》う高校の一つである。一般にはあまり知られていないが、「学び直し」を目的に挙げる公立高校は2000年代に入ってから各地に設立されており、エンカレッジスクール、チャレンジスクール等自治体ごとに名称は異なる。F高校は同種の高校の先駆け的な存在だ。

大井さんが最初に赴任した時の校長は、非常に生徒思いで熱心な指導で知られた人物だった。学習支援員の配置には数百万単位の資金が必要だが、教育委員会と直談判して認めさせたという逸話も関係者内に残っている。「学校全体が、校長を中心にして教職員と学習支援員など外部の人間がチームを組んでいる感じでした」と大井さんは当時を振り返る。

この校長の改革などにより、F高校は特色あるシステムを持っている。個々の生徒の学力の実態や問題点を発見できるように少人数制クラス編成にし、担任も原則として2人制を取っている。国語、数学、英語の3科目は基礎から学び直せるように力を入れ、時間割の中に正規の授業として「基礎学習」（仮称）が組み込まれている。生徒の集中力を考えて、1授業時間は45分、朝一番の授業は30分に設定されている。

また、時間や行動の管理が苦手な生徒も多いので、専用のノート作成などを通じて自己管理ができるようになる練習も実践している。加えて、2019年からは先述の通級教室の新設も進められている。

生徒は勉強に関心がないわけではない

本人が持っていながら隠れている能力・才能を伸ばすための授業である「基礎学習」がF高校で最も特色ある授業である。この授業は毎日の時間割に組み込まれ、学校が用意したプリントを元に生徒が自分のペースで学ぶ自学自習の形式で実施されている。

前述の通り、「基礎学習」は国語・数学・英語の3教科で行われている。各教科のプリント内容を少し紹介してみよう。

国語ではひらがな・カタカナの正しい書き方からスタートし、主語や述語、修飾語など基本的な文法を最初に学ぶ。その後、短い文章題から慣用句、ことわざ、漢字、長い文章題と学習を重ねる構成になっている。

数学は、足し算・引き算・掛け算・割り算の四則計算から始まり、続く小数・分数は非常に丁寧に学ぶように作成されている。小学校で小数・分数の学習で躓《つまず》く子どもが多いのだが、わからないままに高校生になった生徒に今度こそ理解させようという学校の意気込みが感じられる。

また、百分率や歩合にも多くのプリントを費やしている。これは、社会人になった際、働く立場でも消費する立場でも必要不可欠の内容なので力を入れているのだろう。その後、度量衡などの単位、速さや時間と学び、最終的には方程式や図形等を含んだ文章題に取り組ませる構成になっている。

英語は、アルファベットの書き方からスタートし、曜日や月の名称、数字等々を学んでいく。さらに、中学までの学習で躓く生徒が多かったbe動詞の学習にたくさんのプリントを割いている。プリント全体の構成は、日常生活に必要な英単語と簡単な英会話に重点を置かれている印象がある。

このように、3教科のプリントは小学校から中学校までの学習内容の中で、F高校の生徒が将来、社会人となった時に必要な内容をしっかりと「学び直す」ことを意識したものとなっている。

学力が高くない生徒が多い高校、特に公立高校では、F高校のように独自のプリント教材を作成して基礎から学ばせる工夫をしている学校が全国的に増えている。筆者も同様の高校のいくつかを見ているが、その中でもF高校は先駆的な存在でもあり、各教科の内容は生徒の学力面の実態を的確に把握した上で、何度も練られて作成されたものと感じた。

この授業が学習支援員の主な活動の場である。大井さんを含めた3人の学習支援員が週3日、8時30分から17時まで勤務している。他に週1回勤務する支援員もいる。支援員たちは「基礎学習」の時間に教室にいて、生徒がプリントを仕上げた際に確認したり、わからない箇所を教えたりする。授業時間内にわからなかった生徒には放課後に再度丁寧に教えることもある。

この活動を通じて、大井さんのF高校の生徒に対する印象は変わってきた。当初は、四捨五入もわからない、簡単な日本語の文の意味も把握できない、勉強の仕方がわからない生徒たちの姿に驚いていた。しかし、指導員が丁寧に教えてわかると、彼らはとても嬉しそうな表情になる。毎時間、プリントができるとそれぞれの生徒が支援員のところに持ってきて確認してもらうのだが、その時に良い点を見つけて褒めると、パッと表情が明るくなる。そうしている内に、生徒たちは早く褒めてもらいたくて、支援員の前に我先に並ぶようにもなった。

そのような姿を見て、「彼らはこれまで勉強に関わることが少なかったんだ。勉強に関心がない子たちと思っていたけれど、そうではなかったんだ」と大井さんは実感する。

こう気づくと、教え方も一層工夫するようになる。単に正しい解答を導くだけでなく、考えるプロセスを一緒に辿ることを心掛けるようになった。「紙と鉛筆を持って、とにかく生徒にわかりやすいように可視化を心掛けました」と大井さんは話す。

四則計算ができない生徒には、小学校低学年でやるように、○などの図形をその数だけ描いて、理解する最初のきっかけを作ったりするそうだ。

国語に関しても、「本当に、ものを読んでいない、トレーニングされていない生徒が多くて驚きました」と話してくれた。さらに「小中学校では、前に学んだことを理解していることを前提として授業をやっているようですが、文の最も基本的な構造である主語と述語がわからない生徒も多い。これは就学前に、どれだけ日本語に触れたかの違いかもしれません」と彼らの生育歴にも思いを馳《は》せていた。

主語と述語、名詞と形容詞など基本的な文法がわからなければ、国語だけでなく英語の学習にも躓く。その上、国語の読解力がなければ、理科や地理・歴史公民など全ての分野の学習でも支障をきたす。大井さんは主語と述語がわからない生徒にも丁寧に向き合ってきた。例えば、「桜が咲いた」という文をイラストもつけて書く。それを、「きれいに咲いた」「少し咲いた」「咲き終わった」などとアレンジし、なるべく五感を使って文の構造を覚えるように試みている。

「基礎学習」で使うプリントは高校教員が作成したものだが、それを元にしつつ、生徒が躓いている点を見つけると、躓きのスタート時点まで戻って、その生徒に合った指導法を考えながら教える学習支援員の工夫は、現時点のＡＩを使用したデジタル機器ではできないものだと断言できる。

実際に学力の低い高校生を支援することで、大井さんの高校教育に対する思いも変わっていく。「高校では微分積分などをやりますが、その前に割合、読み・書き・そろばんをしっかり学ぶべき。これらは、社会で生きていくために絶対に必要だから」と力説する。

さらに、学校で行う授業に多様性を持たせることを提言したいそうだ。大井さんは「子どもたちを動物に例えるのは良くないかもしれませんが、差別的な意図ではなく、それぞれ能力や特性が違うという意味で」と断りつつ、「動物園でも一つの檻に全ての種類の動物は入れませんよね。今、学校でやっていることは、全ての動物を同じ檻に入れているようなもの。動物のように種別化するのは難しいですが、個別に必要なことをきちんと行うことが大事」と熱心に語った。

社会で生きていける力を常に意識して

上述のように熱心に指導する大井さんを始めとした学習支援員の姿は、F高校の教員にも信頼感を生じさせたことだろう。これまでの5年間に校長を始め多数の教員異動もあったが、大井さんも「多忙な中、ほとんどの先生方は生徒の指導に熱心に取り組んでいます」と教員の努力を認めている。

その一方、教員の指導に少し疑問を感じるところもあるようだ。社会福祉に関わる仕事を行ってきた体験から、何かしらの理由で働く場からドロップアウトした人を大勢見てきた大井さんは、働く場で何が求められているかを逆説的に把握している。大井さんは、働く場で重要なことは何かを、もっと意識して教育活動に当たるべきと考えている。

これには、F高校の実態も関係している。F高校は年によって多少の増減はあるものの、就職希望者の多い学校であり、2018年度から2020年度までの3年間の卒業生全体に占める就職者の割合は平均して48・4%となっている。2020年度は新型コロナウイルス感染症の影響を受けて高卒生の就職が難しかった年であり、就職をあきらめた進学者が増加する高校も多出し、F高校も例外ではない。この例外的な年を除けば、過去を遡っても毎年卒業生の半数もしくは半数以上が就職している。就職者の割合の高さは、第1章で見た他の学力低位校と共通している。

F高校のように就職希望者が多い高校では地元企業と連携してインターンシップを行う学校が多く、F高校でも地域の企業や施設等約70か所と連携し、2年生全員が3日間参加している。

大井さんは、このインターンシップを改善し、ソーシャルスキルトレーニングの要素も含んだものにしたいと学校側にも提案している。具体的には、事前学習や事後学習をより充実させ、時間を守ること、あいさつ、話の仕方、メモを取ること等の大事さを生徒に学ばせたいと考えている。こうすることが、次年度の就職活動、その後の社会人生活で生きると知っているからだ。時間厳守やあいさつなどは高校生までに当然身に付いていると思うかもしれないが、F高校の生徒の多くはそれらをまだ身に付けていないことが、大井さんの話から透けて見える。

さらに、大井さんは「インターンシップの時だけでなく、先生方には卒業生が就職した先の企業に頻繁でなくてもいいので定期的に見に行ってもらいたい。そうすれば卒業生の動向もわかり、学校での指導で何がもっと必要かわかると思うから」とも考えている。

また、「個人情報保護の観点から学校が保護者の勤務形態の情報などを入手できないため、家庭環境に踏み込んだ指導がしづらいのが学校のネック」とも語る。公的機関で長年福祉に携わってきた大井さんには、支援を考える際に役立つ個人情報を入手しづらい学校の立場を歯がゆく思う時があるのだろう。学校ではできない一歩の踏み込みを円滑に行うために外部組織とも連携した「チーム学校」の推進が図られているのだが、広範囲から生徒が集まる高校では細かくかつ十分に機能する体制作り自体が非常に難しい。

大井さんのF高校での学習指導員としての活動は今年度も継続中である。福祉分野の体験を十二分に積み、人を表面的なもので判断しない人間愛溢れた大井さんのような人が、高校生と接することは学習面だけでなく、生徒の人間形成の上でも重要だと筆者は考える。学習面でももちろん効果を上げているが、小中学校9年間で積み重ねてきた、わからなかった学習内容や学習への忌避観を解消するのには、3年間はあまりに短い。これはF高校だけでなく同様の試みを行っている全ての高校での率直な感想だろう。

それ以上に心配なのは、学習支援員のサポートを受けることができない学力低位校の生徒がいることだ。学習支援員が配置されている高校は増えつつあるものの、全ての高校には至っていない。

どのような学力の高校生であれ、「将来への分水界」である進路選択を経て、卒業後には次のステージへと進んでいく。本書では続けて、まず、就職する生徒たちの様子を見ていきたい。

第3章　就職の問題点

前章で述べたような高校生が就職を選択すると、一般的には進学よりもハードルは高くなる。高等教育機関の中には学生確保のためにどのような学生でも合格させるところもあるが、高卒生を採用する企業は、その会社で労働力として使えるかという厳密な基準を持っている。

そもそも、高校教員は全員4年制大学か大学院を出ているので、高卒の就職活動を全く知らない。教員になった後も、就職指導に力を入れるよりも進学指導に注力するようになることが多い。なぜなら、外部からの高校の評価は大学進学率が最大の基準であり、少子化が進む中、少しでも「進学校」化して生徒を確保しようと各高校は考えるからだ。

一方、就職指導は外部からの学校評価に結びつきづらく、大学進学のようにマスコミが取り上げることもない。これでは、高校教員も、日頃の業務とは大きく異なる就職指導にあえて取り組もうとは思わないだろう。

このように、社会からも関心が持たれず、指導に当たる教員も知識や体験がないまま、高卒生の就職活動は毎年行われている。

だが、経済的に自立して納税の義務も果たせる社会構成員を育てることは教育の大事な目的なのだから、本来であれば、いち早くそのような存在になる高卒就職者に、社会がもっと関心を寄せて然るべきである。

この章では、まず、高卒での就職活動について紹介することから始めたい。

高卒就職には独特の制度と慣例がある

高卒での就職には、大卒や専門学校卒とは大きく異なる独自の制度と慣例がある。

一番の違いは就職活動の全てを、高校を通して行う点であり、高校はハローワークから仕事を委嘱された形になっている。

高卒生の就職活動のルールは、高等学校就職問題検討会議が例年2月ごろに開催され、翌年3月に卒業する高校生や中学生の活動期日などを定めている。この会議は文部科学省、厚生労働省、全国高等学校長協会、一般社団法人日本経済団体連合会、日本商工会議所、全国中小企業団体中央会の代表者から構成される。そして、そこで決められたスケジュール等の申し合わせが「新規中学校・高等学校卒業者の就職に係る推薦及び選考開始期日等並びに文書募集開始時期等について（通知）」として、各都道府県教育委員長、知事、主要経済団体代表者、任用を担当する国の機関、独立行政法人及び特殊法人等の長、主要就職情報出版企業団体等代表者宛てに送られる。

この通知を受け、各都道府県の教育委員会教育長、高等学校校長会、労働局、主要経済団体等で高校生に関する就職問題検討会議を設け、その自治体の就職活動のスケジュールを決める。例年、ほとんどの自治体は国からの申し送りにあるスケジュールを踏襲する。概《おおむ》ね、高校最終年次の6月1日からハローワークでの求人票受付開始、7月1日以降求人票を各高校に公開、夏休み中に企業側が認めれば会社見学、9月上旬に応募書類の発送、9月中旬、このところは9月16日に就職試験が開始される。

原則として、最初に受ける企業は1社と定められており、これは「一人一社制」と称され、高卒就職独自のルールとなっている。最初の企業で内定が取れず、10月以降に就職試験を受ける場合には複数企業の併願が可能となる。この制度については後により詳しく考えることとしたい。

また、高卒で新規学卒者として受験できるのは卒業後の6月までであり、その間は何度でも採用試験にチャレンジできる。しかし、一度得た内定を生徒の個人的な事情で辞退することは、原則として認められていない。

これらのルールは、高校の教育活動を妨げないこと、そして、高校生が未成年であるため負担を大きくしないことを考えて作成されたものと言われている。しかし、2022年4月から成人年齢が18歳になり、高卒生は入社前に成人になることになった。成人年齢の引き下げに関連して、今後、このルールが変わるのかも注目すべき点だ。

就職活動は実際にどのように指導されているか

上述の制度を踏まえて、高校側は生徒の指導を計画的に行う。とはいえ、生徒の就職への意識が高まるのは早くても2年生の後半頃だ。もっと早い時期から学科試験他の準備をさせたいところだが、学力低位校の生徒は学習が苦手なので、就職試験用補習などを開催しても、あまり生徒が集まらない。

3年の7月からは、その年の就職活動本番が始まる。ここから就職志望者一人一人に教員他の細かい指導が夏休み中の学校で行われていく。

中でも指導に時間を費やすのが履歴書作成である。生徒が書く履歴書は全国共通のA4判1枚の大きさだが、文章を書くことが苦手な生徒にとっては非常に難しい作業となる。高卒就職用履歴書の右半分は、上部に高校時代の出席状況や活動状況、趣味や特技を書き、残りは志望動機を書く欄となっている。学力低位校の生徒は、経済的理由もあって部活動や各種の資格取得を行っていない者が多い。体験を通じて生まれる特技は持ち得ておらず、趣味もゲームやアニメなどごく一般的なものしかない。

最大の難関は志望動機である。ほとんどの生徒は仕事や職業についての知識も乏しいし、強い勤労意欲も持ち合わせていない。

近年は中学校での数日間の職場体験に加え、高校でも就職希望者が多い学校ではインターンシップを実施することは前にも触れた。高卒後に働く自分を意識させ、仕事や働き方を理解させる目的だが、数日間程度で、しかも受け入れる企業も生徒の安全面等色々と配慮しているので、仕事や働き方の本当の姿がわかるには至っていない。

加えて、希望参加制にすると、生徒が集まらないことも多々ある。生徒の多くはアルバイトをしており、賃金が払われないインターンシップを避けようとするのだ。

このような生徒が会社案内等を読んで会社や仕事を理解し、他の会社との違いを把握した上で志望先を選ぶことが如何《いか》に難しいかわかるだろう。

7月中に会社見学会を開催する企業も多いが、これは生徒にとって非常に緊張する機会となる。多様な大人に接し慣れていない生徒は一度の参加で疲れ果てる。原則、複数社の参加が可能なのだが、何社も参加するエネルギーがある生徒は非常に稀である。

結局、一人一人の趣味・特技や志望動機を教員他が一緒に考えながら書類を作成させる。「家でよく考えて書いてきなさい」と指示しても、家に自分専用の机を持っている生徒は多くないし、持ち帰った書類を後で回収しようとすると、大抵、その紙はなくなっている。結局、学校で傍らに付き添って書かせることが最も効率的になる。

しかし、一回目の就職試験で内定が取れる生徒ばかりではない。就職を目指す高校生は全国模擬試験や英語検定試験など学校外で行われる試験を受けたことのない生徒がほとんどだ。そのため、生徒にとっては、就職試験は自分の実力を判断される大きな試練となる。良い結果が出ないと就職活動をやめてしまうこともある。このような生徒を励ましながら就職活動を再開させることも重要な指導だ。

内定を得た生徒にも事後指導が必要である。企業への礼状、会社で着る制服の申し込み、事前の親睦会への参加など、事あるごとに生徒は相談にやってくる。保護者は何をしているのかと思われるかもしれないが、「わからないから、学校で聞いてきなと言われた」と生徒は口々に答えるし、また保護者に任せてミスがあっても心配なので、結局、事後指導も学校側が行っている。

高卒生採用の意欲が高いのは中小企業

上述のような指導を受け、毎年、高校生は労働市場に出ていく。ここからは、厚生労働省が毎年公表する「高校・中学新卒者のハローワーク求人に係る求人・求職・就職内定状況」のデータを基に考察していく。

この10年の就職内定率と求人倍率を表したのが表6である。この表にはないが、1995年には高卒就職者は新卒者全体の25・6％だったが、2000年に20％を切り現在に至っている。注目してほしいのは高い内定率だ。これは高校での熱心な指導の成果である。ただし、この計算の母数には途中で就職活動をやめた生徒は含まれていない。

続けて、具体的に高卒生を対象とした求人の特徴を見てみよう。まず、過去3年間で、どの職種の求人が多いかを示したものが表7である。2020年度はコロナ禍1年目で微

表6　高卒就職の割合・内定率・求人倍率（2011〜2020年）

（単位：%）

	全新卒者に占める割合			内定率	求人倍率
	全体	男子	女子		
2011年	16.3	19.4	13.3	95.2	1.24
2012年	16.8	20.0	13.6	96.7	1.30
2013年	17.0	20.3	13.6	97.6	1.37
2014年	17.5	21.1	13.9	98.2	1.56
2015年	17.8	21.5	14.1	98.8	1.85
2016年	17.9	21.7	14.1	99.1	2.04
2017年	17.8	21.5	14.0	99.2	2.23
2018年	17.6	21.3	13.9	99.3	2.53
2019年	17.7	21.5	13.8	99.4	2.78
2020年	17.4	21.2	13.5	99.3	2.89

（キャリア教育支援協議会「数字で見る高卒採用の現状」より作成）

表7　高卒産業別求人の割合（2019〜2021年度）

2019年度			2020年度			2021年度		
	産業別	(%)		産業別	(%)		産業別	(%)
1	製造	30.1	1	製造	28.1	1	製造	30.0
2	建設	15.1	2	建設	18.9	2	建設	19.4
3	卸売・小売	12.9	3	卸売・小売	12.7	3	卸売・小売	11.9
4	医療・福祉	10.8	4	医療・福祉	11.9	4	医療・福祉	11.2
5	運輸・郵便	7.1		運輸・郵便	6.8	5	サービス（他に分類されないもの）	6.3
求人計 484,234人			求人計 386,205人			求人計 389,637人		

（厚生労働省「高校・中学新卒者のハローワーク求人に係る求人・求職・就職内定状況」各年3月末データより作成）

減しているものの、製造の求人が約3割程度を占めている。これに建設を合わせると求人全体の半数近くになっている。これは長年認められる傾向である。

次に、求人の事業所規模別の割合が表8である。高卒では従業員100人未満の求人が毎年全体の60%以上となっている。この点も従来からの特徴であり、データは省くが、実際の就職先もこの規模の事業所が多い。

表8　高卒求人事業規模別割合
（2019〜2021年度）

（単位：%）

事業所規模	2019年度	2020年度	2021年度
29人以下	31.7	33.6	33.9
30〜99人	30.0	29.8	30.5
100〜299人	19.7	18.9	18.6
300〜499人	5.4	5.2	5.0
500〜999人	4.8	4.5	4.5
1000人以上	8.4	8.0	7.5

（厚生労働省「高校・中学新卒者のハローワーク求人に係る求人・求職・就職内定状況取りまとめ」各年3月末データにより作成）

この他、高卒生の就職を考える際に、忘れてはいけないのが早期離職率の高さだ。最新の調査では新卒就職後3年以内の離職率が30%を超えている。この点については、最終章で考察するので、ここでは問題点の指摘のみに留めておく。

各地に配置されている就職支援教員の存在

第1章で見たように、在籍者数の半数以上が就職する高校がある。しかも、それは各地で学力低位層に位置づけられる学校である。

就職を目指すのは収入を得たいこともちろんだが、中には、これまでの学校生活で勉強に苦しめられ、これ以上勉強したくないという理由の生徒もいる。基礎学力やコミュニケーション能力等が十分に備わっている高校生にとっては、就職試験はさほどの難関ではない。事実、「進学校」に通う生徒が、保護者の病気やリストラ等の家計の急変により就職志望となる場合が稀にあるが、そのような生徒は公務員試験や大企業の採用試験を難なくクリアできる。

しかしながら、学力低位校の生徒は低学力の裏に他の問題を抱えており、未だそれらが解決されていない。家庭生活や学校生活で多くの困難に直面しても適切に相談できる人に恵まれず、自己主張をしたり、積極的に何かに取り組んだ経験にも乏しい。そのため、本当に就職する必要がある生徒が就職試験に阻まれることが多々ある。

国もこの状況に気づき、2002年度から文部科学省は高校に就職支援教員を配置する事業を開始し、この年は33道府県に81名が配置された。その後、各地の教育委員会は就職希望者が多い高校を中心に就職支援教員を配置している。配置されるのは主に退職した管理職であり、非常勤職員として勤務している。

熱心な就職支援教員の目に見えたもの

就職支援教員を5年間務めた元公立高校校長の檮原《ゆずはら》さん（仮名）から、生徒の活動の様子、彼が気づいた高卒生の就職活動の問題点を聞くことができた。

校長退職後に就く仕事にはいくつかの選択肢があるが、檮原さんが選んだのは公立高校での就職支援教員として週2日半生徒と向き合って勤務することだった。彼は、「これまで生徒の就職活動にはほとんど関わってこなかった罪滅ぼしのような気持ちもあった」と言う。高校教員として進学校、生徒指導困難校、特別支援学校、大規模中学校など様々な学校で課題に取り組んできた檮原さんは、就職支援教員という仕事にも多くの課題を見つけ、その解決に向けて熱心に取り組んだ。

彼の勤務する県では、先の就職支援教員の配置が始められた2002年から同職が置かれた。既に20年の歴史があるのだが、彼は勤務のスタート時点で失望を覚えたという。その年に何人が赴任し、どこに誰が配置されたかを知らされず、また仕事内容等の説明は一切なかったのだ。辞令を出して「あとはお任せ」という感じで、せっかくの制度を活《い》かそうとしない県の姿勢に憤りを感じたと言う。

残念ながら、教育委員会は人員や制度を各学校に降ろしたまま、実際の働き方や活かし方に関しては、「あとはお任せ」の姿勢を取ることがある。新たな専門職員を配置しておきながら方針等を何も示さず、配置された人がそれぞれの場で各々のやり方で仕事をすることになれば、同一地域の学校内でも、その専門職員の存在感に格差が生じることになる。せめて、同職についた人全員を一度集めて、教育委員会がその専門職に期待することやその地域の学校の特色や課題などを説明する機会を設け、実績の検証や効果的な手法の研修や申し送りも必ず行うべきだろう。

生徒の自立をサポートするという非常に大きな目標をもって設置された就職支援教員制度だが、それを効果的に機能させようというノウハウも意気込みも教育委員会にないのではと疑いたくなるエピソードである。

やる気のなさが進路室におのずと表れる

檮原さんの就職支援教員1年目は創立40年を迎える普通科高校のL高校での勤務だった。この高校は最寄り駅が遠いので自転車通学者が多い。通学時の自転車のマナーがひどく、近隣から苦情が多く寄せられていたが、登下校時に指導する教員もいなかった。また、制服の着方や話を聞く態度なども非常に悪かった。彼の話から浮かんでくるL高校の生徒の姿は、1970年代から続く「教育困難校」の典型と言える。

このような状況なので地域での評判は悪く、生徒募集にも生徒の進路希望実現にも苦労しており、「私が行った頃には、毎年、進学未定者がいない中で、『進路未定』で卒業する女子生徒が10名以上いました」と、檮原さんは当時のL高校の状況を語る。

「進路未定」で高校を卒業することは、その生徒の将来が非常に危ういことを示す。一旦、学校を離れると、就職にしろ、進学にしろ、適切な指導・相談を受けることが極めて難しくなる。また、学校という縛りから解放される反面、自堕落な生活ペースに陥り規則正しい生活に戻れなくなるリスクもある。このようなことから、生徒の将来を考える教員は「進路未定」での卒業者を出さないように努力する。その「進路未定」が毎年10名を超える状況は、同校の進路指導が効果を上げていない証拠だ。

また、L高校では、開設から40年も経つのに進路指導室と進路資料室が違う階に配置され、非常に使い勝手が悪かった。管理職が進路指導室を訪ねて生徒の様子を聞くこともなく、進路指導に対する意識の低さがあらゆる面に表れていたという。

就職支援教員1年目ながら指導の意欲に燃えていた檮原さんは、「まず、接待用の湯飲みやコップ等を100円均一ショップで揃えました。次に、壊れたブラインドを修理し、山積みになっていた古い資料を整理するなどできることから手をつけました」と語る。

この年、3学年の生徒数は200人弱、その内50名程が就職希望者だった。高卒就職では面接が合否を決める最大のポイントと言われる。そこで、高校で生徒に面接を練習させることが必要になり、檮原さんのような就職支援教員が配置されている学校では同職への期待は大きい。実際の就職活動開始は7月だが、彼は昼休みと放課後を使って就職希望者全員と6月までに面談を実施し、その結果を三者面談で活用してもらい、その後に随時面接指導を受けられる体制を作ったという。

「すると、生徒の間で口コミが広がって面接練習を希望する生徒が増え、「来るものは拒まずで、進学希望者の面接練習もしました」と、彼は軽く語ったが、週2日半の勤務日は相当忙しかったに違いない。

「面談できた生徒は皆素直に指導に従ってくれ、就職先も決まりました。でも、いくら連絡しても就職活動の俎上《そじょう》に載ろうとしない生徒は難しかったです。それと、進路行事をさぼったり、問題行動を起こした生徒は就職活動をさせないという頑なな信念をもった教員が数名おり、このような教員の姿勢が『進路未定者』を毎年一定数出しているように思えました」と、彼はL高校での1年を振り返る。

現在、L高校は進路指導に力を入れる高校に変わっている。就職希望者が相変わらず多いので就職支援教員はその後も継続して配置され、さらに、1、2年生の内に地域企業と交流を持つなど多彩な進路行事を設け、生徒の意欲向上に努めている。この変化の基には、この高校を去る時に檮原さんが作成し後任者に引き継いできた同校の課題のまとめがある可能性が高いと思われる。学力が低く、問題を抱えている生徒が多い高校は、進学校以上に教員の意欲や努力が生徒に与える影響が大きく、教員主導の改革も起こしやすい。檮原さんが去った後、L高校には意欲を持った教員や就職支援教員の勤務が続いていると推測できる。

新しいタイプの学校での奮闘

檮原さんは次に赴任したP高校で4年間勤務することになる。

P高校は、近年、各地に増えている公立の二部制定時制高校である。定時制高校といえば、勤労青年が夕方から夜間にかけて学ぶという昔のイメージが強いが、最近は、1日に昼課程、夜課程など複数の課程を設ける多部制定時制高校が増えている。P高校には昼課程と夜課程があり、昼課程に所属して昼夜共通課程の授業のいくつかを履修し単位を取得すれば3年間で卒業もできる。同様の学校は東京周辺から始まり、全国に拡大している。

同校で学ぶ生徒はかつての勤労青年ではなく、ほとんどが問題を抱えながら義務教育を形の上では卒業した者たちだ。「生徒のほとんどが小中時代に長期欠席を経験し、またひとり親家庭が多いです。中にはヤングケアラーで、就職したくてもできない生徒もいます」と彼が語る生徒像は、現代の定時制高校に共通するものだ。

「アルバイトできる生徒は家計を支えていることも多いです。一方、色々な能力不足でアルバイトができない生徒が少なからずおり、これらの生徒には卒業までに社会性を身に付けさせ、自立できる力を育まないといけないのですが、組織だった取り組みは未整備のままでした」と、檮原さんは赴任当時を振り返る。

P高校の生徒定員は昼課程が約140名、夜課程は約70名だが、毎年昼課程は1倍を少し上回るものの、夜課程にはほとんど希望者がいない。ここにも定時制高校の変質が表れている。生徒の実態に合わせたきめ細やかな指導、基礎学力の学び直しを学校の目標として教員も努力しているが、それでも中退者は少なくない。

一方、義務教育で傷ついた自尊心をこの学校で少し癒すことができて卒業する生徒も多い。県教育委員会もP高校の特性を考慮し、複数のスクールカウンセラー、スクールソーシャルワーカー、さらに就職支援教員を配置していたが、これらの専門職が組織だった活動をしておらず、「宝の持ち腐れ状態でした」と彼は語る。

この種の学校では、日頃の学校生活に関しても、進路指導に関しても生徒とじっくりと向き合って話を聞く教育相談が重要になるが、同校では、教育相談を担当する校内組織に養護教諭もスクールカウンセラーも入っていなかった。同校の前身だった高校の制度をそのまま踏襲したのかもしれないが、新校移行後、スクールカウンセラーなど新しい専門職が配置された際にも見直されなかったようである。辞令を出して「あとはお任せ」方式がここでも繰り返されたようだ。

檮原さんが同校の管理職を訪ねることはあっても、その逆はなかったが、進路指導主事や教諭主任は檮原さんと校内組織や生徒指導について日常的に会話をしていた。そして、檮原さんの指導の効果を認め、初任者教員、全教員向けなどの研修会を開き、高卒就職に対する教員の意識を高める活動ができるようになっていく。

就職を目指す生徒にありがちなウィークポイント

P高校で熱心に就職指導を行ってきた檮原さんが就職志望の生徒たちと接して気づいた問題点を筆者に教えてくれた。

①欠席の多さ

P高校には義務教育段階で不登校を経験した生徒が多く、起立性調節障害や適応障害などの病気を抱えている生徒やヤングケアラーも稀ではない。このような生徒は高校でも欠席が多くなりがちだ。

一方、採用する企業のほとんどは「欠席が少ない生徒が欲しい」と考えている。中には3年間に欠席10日以内の条件を譲らない企業もある。仕事の場で欠勤を重ねれば仕事が覚えられず、周囲との関係も悪くなってしまう。給料を支払う側としては、そうなることを避けるために、学校時代に欠席が少ない生徒を欲しがるのは理にかなっている。しかし、欠席数の多さで就職試験を受けることもできない生徒も存在する。

ごく稀に「学校の欠席が多くても、元気でやんちゃな生徒が欲しい」という建築関係や飲食・サービス関係の企業もあるが、P高校を始め、就職希望者が多い高校には、現在、そのようなタイプの生徒は少なくなっている。

②自己肯定感の低さ

高卒での就職だけでなく、どのような学歴で就職を目指そうとも、自分の長所や能力を採用側にアピールできなければ、内定を取るのは難しい。多少の羞恥心を持ちながらも自分のセールスポイントを訴えることができるのは、自分に自信が持てる、つまり自己肯定感がそれなりに高い人であろう。

だが、学力低位校の生徒は、一概に自己肯定感が非常に低い。彼らに履歴書の書き方や面接の練習などの事前指導をする際には、教員や就職支援教員は少しでも彼らの自己肯定感を上げられるように努力する。小さなことでも褒められ、頑張りを認められることにより生徒は少しずつ自分に自信を持っていくようになるのだ。

しかし、付け焼刃の自己肯定感は面接の本番では通用せず、「元気がない。働く意欲が感じられない」といった理由で内定が取れないことが多々ある。本当は働きたい気持ちが強いのだが、自分に自信がないのでそれを表現できないだけなのにと、本人以上に指導にあたった大人たちが悔しい思いをする。

また、会社見学や就職試験当日に連絡なしに参加しない生徒もいる。これも、怠け心やうっかりミスではなく、就職というハードルを前にして、自分に自信がないので怖くなってしまい、悩み苦しんだ上で欠席してしまうケースである。

③コミュニケーション能力の不足

最近の就職活動で非常に高く評価されるのがコミュニケーション能力である。

コミュニケーション能力は、家族を含めた様々な他者と時間や空間を共有し、話す、遊ぶ、共通の目的をもって行動する等々の体験を積む中で培われるものだ。高卒生を採用する企業から「運動部で頑張った人が欲しい。強くなくてもいいから、レギュラーでなくてもいいから」としばしば言われる。これは、スキルの上達という共通の目的をもった集団の中で過ごすことができた人はコミュニケーション能力があり、加えて運動部であれば体力もあると期待しての発言だ。

学力低位校の就職希望者は経済的理由で部活動に入っていない場合が大半だし、幼少期から他者と何かの経験を共にする機会も少ない。つまり、コミュニケーション能力を育む機会に恵まれず、その能力は高くない。他者と話し合い、相手の意見や感情を考慮し、自分の話を組み立てる能力、わからないことを他者に聞いて教えてもらう能力、周囲の人と良好な関係を築く能力など、働く場で求められるコミュニケーション能力は彼らにとって非常に高いハードルになる。

④基礎学力の低さ

檮原さんは「読み・書き・そろばん」能力と表現しているが、まさに、義務教育で学ぶ基礎的な学力が不足し、就職試験の学科試験に太刀打ちできない生徒が多い。

採用する企業側は「学科試験は高い得点でなくてもいいから、こちらが決めた合格ライン、半分程度の得点をクリアしてくれれば」と語るが、それが実は非常に高いハードルなのだ。P高校に多い、義務教育を長欠で通り抜けてきた生徒の多くにとって、学習機会の喪失は決定的であり、これを高校段階で取り戻すことは容易ではない。

前章で取り上げたように、教育委員会から学習支援員が配置され、生徒の学力アップに組織的に取り組んでいる高校も各地に出現し始めた。しかし、学習支援員は就職者の多い高校全てに配置されているわけではない。

基礎学力不足は就職という進路選択をする生徒にとって最大のネックと言って過言ではない。

就職活動のルールにも問題がある

檮原さんの活動の素晴らしい点の一つは、同校卒業生が就職したその後にも気を配っている点だ。彼は、2016年から2018年に同校を卒業して就職した企業78社に、2019年5~6月に電話でその後の様子を聞いている。それによれば2016年就職者の46%、17年就職者の55%、18年就職者の10%が既に離職していた。

厚生労働省の「新規学卒就職者の離職状況」に関する調査によれば、2016年就職者の離職率は39・2%、17年が39・5%、18年が36・9%となっている。これと比較すると、P高校の就職者の2、3年目の離職率は全国平均より高くなっている。

この調査が行われた時期は新型コロナウイルスの感染が始まる前で、景気が回復していると言われていた時期である。とはいえ、3年以内の転職では、働いて身に付けたスキルも少なく、待遇面でより良い企業への転職は難しいだろう。早い時期の転職は、生活基盤の脆弱《ぜいじゃく》さに結びつきかねず、将来の生活に悪影響を大きく及ぼす。

檮原さんは高い離職率の理由を考え、下記のいくつかの問題点に行きついた。

その一つが、企業選択に与えられた時間が短すぎるという点である。

既述の通り、現在のスケジュールでは7月1日に求人票公開となっている。この時期は、高校は期末試験の真っ最中で、生徒が求人票をじっくり見るのは試験終了後になる。そこから1週間から10日程度で、会社見学に参加する。この間があまりに短いと、生徒を指導する過程で彼は感じていた。

もちろん、学校では前年度の求人票を使って必要な情報を読み取る練習をさせる。しかし、真剣に考えるのは実際に受ける求人票を見てからになるのは当然だ。求人票はパスワードを共有している高校のパソコンからインターネットでも見られ、教員が必要に応じて印刷する。また、求人票を直接持参する企業もある。それらを教員が複数部コピーしてファイルにまとめ、就職希望の生徒たちが短期間で回し読みする方法が多くの高校で取られている。

部数の少ない求人票を多数の生徒が短期間に見て志望企業を決めるのは極めて難しい。まして、就職を目指す生徒たちの多くは、自分で何かを決める体験に乏しく決断が苦手でもある。

実は、企業の求人票の受付は6月1日から始まっている。受付と並行して公開していけば求人票をゆっくりと見る時間ができるはずだと檮原さんは提案する。大学生や専門学校生の求人票公開が卒業の前年度の3月なのに、なぜ高校生にはこれほど遅くしなければならないのかと、彼は不思議がる。そこには「生徒への負担と学業への影響を最小限に抑える」というもっともらしい理由が付けられてはいるのだが。

「一人一社制」が企業とのミスマッチを生む

檮原さんは、高卒での就職活動の特例である「一人一社制」も改善すべきだと主張する。この提案の根拠には、P高校に届いた求人票や実際の就職試験実施日に関する詳細な調査がある。その概要をごく簡単に紹介する。

それによれば、生徒が真剣に求人票を見始める7月10日頃までに揃う求人票は、例年、1年間に学校に届く求人票全体の5割強程度であり、会社見学が始まる7月中旬までに揃うものでも8割程度である。生徒は限られた求人票から「一人一社制」に従って志望企業を選び、9月に1回目の試験を経て内定を得れば、その後、より働きたいと思える企業の求人が来ても内定企業を辞退できない。

このところ、試験解禁日は9月16日とされているが、この日に試験を行う企業は決して多くない。求人票には「9月16日以降随時」と記載し、試験日を明記しない企業が多い。9月上旬に正式に応募してきた人数を見て、企業の都合で試験日を決めることが通例だ。このように、実際の試験日は分散しているので、高卒生でも大学生他の就職活動と同様に試験日の重複を避けてスケジュールを作って1回目から複数応募することが、実は可能なのだ。

現在、「一人一社制」を取っていない自治体もごく少数ながらある。2022年度段階で、秋田県と沖縄県、和歌山県、大阪府が、1回目の受験から複数応募を可能にしている。しかし、これ以外の都道府県は依然として旧来の慣例を固守している。

この制度が、生徒と企業のミスマッチを生む大きな原因と考えた檮原さんは、県の就職問題検討会議開催前の2月に、県教育長宛てに問題提起と意見書を提出した。その回答は教育長が交代した翌年度に入った4月に届いたが、「現行制度に問題なし」とするものだった。その根拠として、以前から行われている各学校へのアンケートの結果と、就職問題検討会議に毎年委ねている旨が挙げられていたという。

先に、国の高等学校就職問題検討会議の申し送りを受け、各自治体が作る同種の検討会議でスケジュールが決定されると書いた。どちらにも、高校側の代表として校長が参加するが、それは長い伝統があり、地元企業と強いつながりを持った商業や工業等の専門高校長が選ばれるのが暗黙の了解だ。

就職に強い専門高校は、関係が深い企業との間に、学校指定求人が存在し、企業の要望に沿った生徒を毎年送ることで、両者の利害が一致しており、現行制度に何ら問題を感じていない。むしろ、生徒が複数の内定を得て、学校が行ってほしいと思っている会社の内定を辞退されたら困ることになる。この伝統校の慣例が、「一人一社制」を維持している都道府県の大きな壁として立ちはだかっていると檮原さんは考える。国や自治体の就職問題検討会議に、就職に強い伝統的な専門高校だけでなく、毎年、指導に苦しんでいる普通高校や定時制高校などの声が反映されない限り、「一人一社制」の壁は打ち破れないと彼は力説する。

もう一つの原因は、指導する教員の問題である。既述のように、就職指導は非常に大きな手間と時間がかかる。1回目の就職試験から複数受験が可能となれば、その分、必要とされる指導の量は増加する。多忙な教員がこれを避けたい気持ちはわかる。

しかしながら、働きやすい企業を生徒に選ばせることができたら、社会人へのスタートをもっと安定的かつ強固なものにできる可能性がある。そのために「一人一社制」の撤廃が必要とする檮原さんの提案は傾聴に値する。大学等の進学には、多方面から志願者を評価し、志願者に受験機会を複数回用意するという名目で多彩な入試方法と日程を設けているのに、高卒の就職希望者にはその視点は全く考えられていない。職業選択の自由が保障されている中で、成人年齢を18歳に引き下げたにも拘わらず、彼らを全く大人扱いしていない。

就職活動の指導は特殊なだけに、一般教員が担うとなるとその負担感は大きい。大学等の高等教育機関にはキャリアサポートセンター等が置かれ、職員が常駐している。高校でも、就職支援教員制度がもっと拡大し、就職希望者がいる高校全てに継続的に配置されることが望まれる。そうすることで、「一人多社制」に移行しても指導が可能となり、生徒にとっての確実な相談窓口ができるのではないだろうか。

檮原さんの「一人一社制」への疑問は非常に強い。その大元には、高校生に適切な進路選択をさせたいとの熱い思いがある。

生徒のモチベーションを維持する工夫が必要

檮原さんは、ハローワークからの企業への指導や2020年度から変更された求人票の表記などまだまだ多くの改善点を指摘する。それら全てが高卒で就職する生徒が安定した仕事を続けられるかどうかに密接に関係する点であるが、紙幅の都合もあり、ここでは省く。

しかし、最後に1点、内定した生徒が高校在学中には企業は研修等を行えないという慣例への疑問は述べておきたい。

内定後も指導は続くと先述した。制服採寸や社内報の原稿依頼等が企業から来るからだが、現行のルールでは仕事の研修等を行うことは禁止されている。理由は、「生徒の負担と学業への影響を最小限に抑える」というものだが、これが生徒の働く意欲に悪影響を与えると、檮原さんは感じている。

夏休み以降、就職活動を続けた生徒は内定をもらった時点で働く意欲はピークを迎えているが、その後、通常の学校生活が続くと、高まった意欲は低下してしまう。むしろ、この間、学校公認のアルバイトとして、内定した企業で簡単な仕事を行う、あるいは必要な研修をするなどすれば、働く意欲を保ったまま4月からの社会人生活に入れるのではないだろうかというのが彼の意見だ。

働く意欲を保持するには、内定後の約半年間の無刺激状態は悪影響でしかなく、これが高卒就職者の早期離職の一つの原因との考え方には筆者も賛同する。

大学の一般入試準備のために、1月以降は高校を休む高校生もいる。私立高校では、1月以降を自宅研修と年間計画で定めている学校も少なくない。このような事実は、高校をあたかも「大学予備校」のように生徒も学校も捉えていることを示している。高校が次の段階への過渡的な存在であるのなら、就職者が次の段階に進む準備として、研修等を1月以降に実施してもおかしくないのではないか。

「生徒の負担と学業への影響を最小限に抑える」という高卒就職者限定の金科玉条が若者の離職率を上げ、進路格差を拡大する要因になっているのならば、改めてこの言葉の意味を再検討するべきである。

檮原さんの取材からは、高卒で就職を選択する生徒自身や、現行の制度や慣習の問題点が数多く見えてきた。

続けて、高卒生を採用する立場の企業人の意見を聞いてみたい。

第4章　高卒就職生を受け入れる企業の立場から

ここからは受け入れ先である企業側の声を聞いてみたい。

幸運にも、受け入れる企業側の本音を語ってくれる方の取材が可能になった。その方は関東近郊の商工会青年部の部長を務める女性、山田（仮名）さんである。彼女は社会保険労務士として事務所を開設する雇用主である。仕事柄、地域企業の実情に通じ、また経営者やそこで働く人の声が届きやすい立場でもある。彼女が所属する青年部は、4年前から、管轄地域内に存在する唯一の公立高校と正式な連携事業を行っている。山田さんはまさに、高校生と企業の双方の実態を知る数少ない存在でもある。

高校と商工会との交流の発端

山田さんの所属する商工会青年部の管轄するF地域は、江戸時代以前は河川交通で繁栄した場所である。近代になり河川交通が次第に使われなくなると、鉄道交通が不便なこの地は衰退の方向に向かう。1980年代に街の再活性化を目指して工場誘致が行われ、同時期に地元の公立高校としてM高校が設立された。

F地域は2000年代初期に隣接する中核都市と合併したが、今でもこの地域の住民には生活面全般に江戸時代の気風が残っていると山田さんは言う。その一方、少し離れた鉄道路線の駅周辺では住宅開発が行われ、新たな住民が移住している。また、F地域の近隣には大型工業団地が複数存在し、その労働力供給源として、地元のM高校の生徒への期待も大きいものがある。

取材冒頭に伺ったのは、M高校と商工会青年部のつながりのきっかけだった。就職希望者の多い高校では、就職者の内定率を上げるためにも地域の商工会との交流は欠かせない。両者の交流は就職活動限定のことが多いが、山田さんの所属する商工会青年部は、学校の進路行事の一つとして、1年生の後半から継続して高校生と関わり続けている。

M高校は高校までに学力を伸ばすことができなかった生徒が多い学力低位校である。生徒募集にも苦しんでおり、生き残りをかけて近隣の中学校との連携を深め、高校が地域の教育・文化面の核の一つとなるように学校側も以前から努力している。

商工会青年部と高校生との最初の接点は地域の祭礼だった。他地域もそうだが、祭礼には古くから商工会や地域の学校が関わっており、M高校の生徒も地元の要請を受けて祭礼に参加していた。高校側は生徒会の生徒数名を厳選して参加させていたようで、祭礼の際に青年部メンバーが目にする高校生は「とても元気で、地域の人とも屈託なく接してキビキビと働いていた」との印象が山田さんにはある。

4年前、祭礼の際の生徒引率教員から、学校の進路行事に参加してほしいとの誘いが商工会青年部にあった。この教員は定年後の再任用教員だったが、進路指導部に所属し非常に熱心に生徒の指導を行っていたという。

そこから、青年部は高校内で生徒と接するようになる。具体的には毎年度の秋以降、1年生対象に「働くこと」について講演やワークショップを授業として行い、2年生では「高校生の間に知っておくべきこと」などをテーマにグループワーク等を3、4回実施している。コロナ禍でこの2年間は中止になったが、2年生対象の地域企業見学会なども行っている。学校側も、商工会青年部との連携を、高校のセールスポイントの一つとして、HPや中学生対象の説明会などで大いに利用している。

あまりに大人しい生徒に驚く

このような活動を通して、山田さんの高校生に対するイメージは大きく変わる。祭礼準備に参加していた高校生は元気で活発だったが、学校で接する生徒はうつむきがちで非常に大人しく、元気がないと感じられたのである。

なぜ、生徒たちは元気がないのか不思議に思っていた山田さんは、「教育困難校」について書いた拙著を手にする。そして、「これまで自分たちの行ってきたことは生徒の実態に合っていないのではないか」と思い、読後感や彼女の今後の構想等について筆者に知らせてくれたことが、今回の取材のきっかけである。

取材中、山田さんから「生徒たちは元気がない。覇気が感じられない。打っても響かない」という感想が何度も出てきた。同校の卒業生を採用した地元企業からも同じような感想が出ているそうだ。これはM高校だけでなく、ごく一部の例外を除いて、全国にある同様の高校で学ぶ生徒たちに共通する特徴と言える。

今の学力低位校には、70年代に誕生し、その後、人々の中に定着している「ヤンキー」タイプの生徒はあまり存在しない。第2章でも書いたが、多くは、家庭環境や経済状況に恵まれない、あるいは発達障害など生来の特性への支援が受けられず、義務教育段階で学力が伸ばせなかった生徒たちだ。彼らは基本的には周囲の大人を信用せず、自己肯定感も低い。また、小中学校時代に周囲の児童、生徒からいじめられたり、長い期間不登校状態だったという経験を持つ者も少なくない。

家庭の経済状況も厳しく、本音では「高校では勉強よりもアルバイトで少しでもお金を稼ぐために働きたい」と思っている。また、学校内で重い責任を負うことや、周囲の生徒から浮くことを避けるため、ひっそりと学校生活を過ごす傾向にある。高校生になる以前の段階で、このような態度・生き方が深く身に付いてしまったのだと想像できる。

基礎学力の低さが働く際のウィークポイント

もう1点、山田さんが複数の地元企業から聞かされていた問題点がある。それは、高卒就職者の基礎学力の低さだ。簡単な四則計算や基本的な漢字がわからず、仕事の場で非常に困っているというのだ。

当然、M高校でも学力の低さに気づいており、基礎学力向上のための補習を放課後に設定していた。ところが、「放課後はバイトがあるから参加できない」という生徒が多く、教員の中にも諦めムードが広がっていた。

不思議に思った山田さんは親しくなった教員に「なぜ、無理にでも参加させないのか」と尋ね、そこで初めて、多くの生徒の家庭が経済的に厳しい状況にあることを知った。「外見では全くわからない。貧困がこんなに広がっているとは」と彼女は驚くとともに、貧困が連鎖しないように、商工会青年部が何か手助けをしたいと考えるようになった。

そして、従来行っていた青年部の講話内容などを見直した。2021年度は社会での経済的自立を果たし、貧困の連鎖から抜け出すために、高校時代どのように過ごすべきかを講演した。『新・日本の階級社会』の図を例に挙げながら、社会保険労務士としての得意分野を活《い》かして、賃金格差や解雇の問題、フリーランスの社会保障の手薄さ、さらに大学へ行く意味、公務員の安定性等を具体的な数値を挙げながら話したそうだ。

山田さんには以下のような持論がある。貧困の連鎖を断つためには、偏差値の高い大学に行くか公務員になる方法が有効だ。しかし、偏差値の高い大学への進学にはお金が必要なので、それが無理なら公務員になることが最もコストパフォーマンスが良い。この持論を展開した上で、人生を逆転できるチャンスは高校生の今しかない、結果はどうであれ、目標に向かって努力した経験は必ず人生に役立つと生徒を鼓舞する。企業人として厳しい競争社会に生きる山田さんは、「階層」という言葉も使い、シビアな現実を高校生に語る。それは、何とか生徒たちを助けたいという熱い思いからだ。

現在、彼女は貧困の連鎖を断ち切るためのスタートラインとして、シングルマザーとその子ども専用の住居・子育ての支援、加えて職業教育・訓練や精神面のケアをトータルに行う施設の開設を目指して資金捻出に着手している。彼女の試みは、将来的には学力低位校を底上げし、進路格差を小さくするための計画と言えるだろう。

企業が求める「できる生徒」とは

筆者が現役高校教員だった時、企業人事担当者から「学校で優秀な生徒が社会で活躍できるとは限らない」という話を度々耳にした。人事担当者は「多少やんちゃでもガッツと根性のある生徒が欲しい」とその後に付け加えた。これは高卒生限定の要望なのかもしれないが、専門的な知識やスキルを持っていない普通科高校卒業生の場合は、その生徒が持つ熱量や意気込みが、企業から最も評価されるのだと知った。

グローバル化の進展や、コロナ禍、不穏な世界情勢などで日本の労働・雇用関係が大きく変化しているが、高卒就職希望者に求められるものは変わっていないようだ。2022年3月、筆者はある就職希望者の多い公立高校を訪れたが、そこの進路指導部教員から「うちの生徒は真面目で大人しい。一人一人は面白いものを持っているのに、それを人前では出さないから、会社から元気がないと言われて就職で苦戦してしまう」と聞いた。やはり、元気やガッツ等が大きな評価基準になっていることがわかる。

山田さんからも「企業は高卒生に即戦力は求めていません。それよりも元気で素直な高卒生が欲しい」という言葉を聞いたので、企業が欲している高卒生とはどのような若者か、尋ねてみた。

彼女は仕事柄、地元企業から「仕事ができない高卒生」の具体例を多く耳にしている。つい最近も、高卒就職者2名が仕事を覚えられずに辞めたケースを扱ったばかりだった。

このような実例から、逆説的に「仕事ができる高卒生」についての私見を述べてくれた。それは、「最低限中学校レベルの基礎学力を身に付けていることが前提。その上に正確性、スピード感、理解力を持っており、自分で工夫ができる人」という像だった。さらに、「自学自習できる子が最強」とも断言する。「仕事ができる子は、手順が1~10まであったら、教えた通り1~10まで手順通りやれる。先輩が教えてくれたことは必ずメモに取れる。マニュアルに書いてあることを理解し、初めての作業でもマニュアルを見ながらある程度の精度で仕上げることができる。先輩から教わった手順に疑問を持つことなく、作業に慣れるまでは手順通りできる素直で元気で明るい子」が企業で欲している若者だと具体的に付け加えた。また、「一度教わった作業については、途中でミスがあったとしても自分で取ったメモやマニュアルを見たりして気づいて修正できること。間違えたとしても次に間違えないようにする工夫を考え出すことができること」とも力説した。このような「仕事ができる高卒生」像の裏には、そうではない高卒生に悩まされた、彼女自身を含めた多くのこの地域の企業人の苦渋の体験があることが推察される。

山田さんが語った「仕事ができる高卒生」像は、最近の教育界で行われている、いわゆる「改革」が育成を目指す能力や態度ともあまり合致していない。例えば、小学校で教科として学ぶことが決められた英語やプログラミングなどの能力は、地元企業を知る山田さんの口から、高卒で就職する者に求められる点としては全く挙げられていない。

これも昨今の教育界で重視されている「アクティブ・ラーニング」や「主体的学習」「探究」にも山田さんはやや懐疑的であり、「それよりも基礎。基礎がなければ応用も発想も工夫もできない」と言い切った。

勉強が「できる」子は仕事も「できる」

山田さんが描く「仕事ができる高卒生」像は、2つの要素に分けることができる。それは、基礎学力が備わっているという学力面と、素直でやるべきことが正確にできるなど性格・気質面である。これらはどのようにして身に付けられるのだろうか。さらに彼女の考えを聞いてみた。

まず、学力面では「学校の勉強ができる子は仕事もできる」と彼女は言う。これは「学校で優秀な生徒が社会で活躍できるとは限らない」という先の言葉と矛盾するようだが、山田さんの言う「できる」は成績が良いという意味ではなく、自分で学べる姿勢を備えているということだ。成績が良くなるとか、大学受験用の模擬試験で高い偏差値が出るといったことはあくまで結果であり、そこに至る過程が重要と考えているのだ。「仕事と勉強には共通点が多々ある。できないことをできるようにすること。苦手な作業（科目）にも取り組まねばならないこと。期日（受験日）までにミスなく仕上げる（合格する）こと。そのために計画を立て工夫しながら成果（目標達成）を出すこと。これらの経験をしているかどうかが仕事の出来不出来につながる」と彼女は言い、さらに「勉強には正解があるが、仕事には正解はないので、勉強よりもずっと仕事は難しい。世の中は刻々と変わるし、仕事もブラッシュアップしていかなければいけない。学校を卒業しても仕事に関する勉強を止めることは許されない」と加える。

彼女自身は勉強のプロセスを大学の受験勉強で身に付けたという。受験勉強においては厳密な期限を意識しながら効率の良い勉強法や必要な気分転換等を考えて行動するだけでなく、緩急も含めたスピード感も大事になる。そして、1点でも多く得点するためには、解答の正確性が必要だ。

翻って、就職希望者の多い学力低位校の生徒を考えてみると、そのほとんどがこのような体験をしていないと断言できる。彼らは義務教育段階で勉強がわからないままに放置されてきたため、勉強から距離を置き、逃避する傾向が生じている。小中学校のテストでも、自分で立てた計画に沿って準備する姿勢は育っていない。

高校に進学しても自主的に勉強する姿勢が身に付かない。多くの学力低位校には定期テストに関して独特なルールが存在する。生徒に定期試験で少しでも高い得点を取らせるために、教員が試験の「対策プリント」を事前に配布して解答も示し、そこから試験問題を出すことが慣例として行われているのだ。生徒にとって最も効果的な方法は、「対策プリント」の問題と解答を丸暗記する方法となる。これは、山田さんの言う自ら学べる姿勢、つまり「自学自習」の姿勢とは正反対の姿勢しか生み得ない。

余談になるが、この「対策プリント」の存在がある種の高校でどれほど浸透しているかを示す例がある。それは筆者に寄せられた、関西地方にある専門学校の英語教員からのメールだ。そこには、「試験前になると学生が『対策プリントはないのですか?』と質問してくる。『対策プリント』なるものを知らなかったので、学生に聞いてみると高校で配られていたと説明してくれた」とあった。「自学自習」の習慣を育成しない教育は、就職の場合だけでなく進学先でも学生と教員に影響を及ぼしていそうだ。

学校は子どもの将来や現状をもっと知る努力をすべき

山田さんが学校や教員を見る目は厳しい。「私たちは税金を払って、教育の専門家である学校の先生に子どもたちの教育を任せている。先生方には収入を気にせず安心して職務に就けるように給与が支払われている。企業は商品に欠陥やサービスの不具合があれば代金を頂くことはできないが、学校の先生は子どもたちが勉強をできるようにならなくても収入が変わらない。お金を気にすることなく仕事に集中できるのに、基礎学力もなく仕事ができない生徒を量産し、地元の企業に就職させる。地元企業はその子たちにお金を払って仕事を教えている」と彼女の口調は手厳しい。

その後、「会社は慈善事業ではないから、仕事ができない者は置いていかれ、その挙句に辞職を選ぶこともある。高校は生徒を就職させればそれでお役御免だと思っているが、仕事ができず転職を繰り返す原因を作り、貧困の連鎖を生み出しているのは自分たちだという認識を持つべきである」と続けた。

さらに、「学校は利益をあげる必要がないから、商業的になりたくないという思いが強いのか、効率的な教育活動が行われていないように感じる」と語り、「勉強の理解度は十人十色であるし、現在は効果的なＡＩ教材もあるのだから、それらを使用して個々の生徒の学習意欲向上と基礎学力定着を図れば、生徒は自学自習の力が付く」とも提案する。

「そうすれば先生は授業準備の負担が減って、一石二鳥だと思うのだが、なかなかそうならない。今までのやり方に疑問を持ち、より良い方法は何なのか思考する力は仕事でも必要とされるが、先生がそのお手本になれないのなら、子どもたちにできるわけがない」と結んだ。

山田さんの舌鋒《ぜっぽう》は鋭いが、義務教育段階の学習をきちんと理解させるために、個々の能力に合った指導をすることには筆者も大いに賛同する。そのためには、能力別に学ぶことは子どもの学力を高めるためであり、それは子どもにとって不平等ではないと保護者が受け取ってくれる土壌造りが必要であり、ＡＩ教材の活用法も今後の課題だ。加えて、他者の意見を聞きながら学び、考えるための集団学習も不可欠であることも忘れてはならない。

また、山田さんは「就職した後の卒業生の姿を見に来てほしい」とも語った。「卒業生はその学校が作った製品。どのように働いているかを見て、先生方がやってきたことがどう評価されているか見てほしい」と続く言葉は、第2章で大井さんからも耳にした。

伝統的に就職者が多い専門高校では、卒業生の職場を度々《たびたび》見学に行き、企業との関係を強めている学校がほとんどである。本来なら卒業生の勤務が続いているケース、辞めてしまったケースを問わず、高校側が企業訪問をして就職後の様子を知るべきだとは思う。それは、高校と企業との関係性のためだけでなく、教員にとっても高卒での就職の現状を知り得る貴重な機会でもあるからだ。教員が高卒就職の現状を知らなければ、生徒に対して適切な指導ができるとは思えない。しかし、定期的な職場訪問は、生徒指導に時間を取られがちな学力低位校では非常に難しい。さらに、本来、学習等を教える教員がそこまでやるべきなのかという疑問も生じる。

子どもを家族から離したい

山田さんは、現在、毎週土曜日に小学生に勉強を教えるボランティア活動にも参加している。この活動を通じて、子どもの権利についての関心を高め、関連する勉強も広範囲に行っている。取材の際には、1951年に制定された「児童憲章」について、その重要性を熱く語ってくれた。

地域の小学生やM高校の生徒と積極的に接し、その一方で企業人として求める学力や能力を考えるうちに、彼女の家族観は変わった。彼女は、「仕事ができる高卒生」には生活や態度という要素も重要であり、ここには家庭環境が大きく関わっていることに気づく。

「生活や態度などは、生まれた環境が大きく関わっていると思います。長い家庭生活の中で培われた気質はなかなか変えられませんが、行動や考え方は変えることが可能です。環境を変えれば良いのです」と指摘した。

子どもにとって親や家族は生き方の身近な手本だが、何かしらの貧困状況にある家庭では、その親や家族自身が多くの問題を抱えており、子どもの将来を考えた育て方をしていないことがある。このような家庭では、最も安心できる場であるはずの家庭が子どもの居場所になっていない。学力が低く、社会性が身に付いていないのは子どものせいではなく、親に原因があると、山田さんは考えるに至ったのだ。

そのような家庭から子どもを切り離し、正しい勉強法や社会的な振る舞い、自分の力で人生を歩める力などを育てる全寮制の居場所を創設するという大きなプランも持っている。そこで、食事等の生活不安を無くし、家族に縛られずに自分の人生だけに集中し、それと並行して食事作りや清掃等の共同作業で生活者としての能力や協調性を身に付けてもらいたいとの構想である。彼女は、「自分の将来だけを考えられる場を作りたい」という。実現にはクリアすべき問題が多々あるが、山田さんの熱意が実を結ぶ日を待ちたい。

気質や行動が家庭環境に規定される点については筆者も体験から肯首できる。公立高校教員だった時、何かにつけて「ちっ」と舌打ちする男子生徒がいたが、面談で来校した父親が同じように舌打ちしたし、答案や書類をいい加減に書く生徒の親が提出した書類も不備な点が多かった。

家族生活によって気質や言動が方向づけられても、学校生活や習い事等の体験によって他の大人に触れることで、自分の家庭を客観的に見て、社会一般での「普通」らしきものを知ることができる。だが、困難な状況にある子どもはこのような機会が少ない。

同じ価値観や言動の傾向を持つ家族内にいる限りは、家庭内で想定外のことが起きないので違和感はないだろう。さらに、高校生になってアルバイトを始めれば、家計の一端を担う存在となり、家族から頼りにされるようになる。そこで、家族の一体感や共依存状況はますます強くなる。このような生活を18年間してきた若者が、仕事に就いて異なる態度や行動を求められてもうまく適応できない。山田さんは、この親子関係を断ち切ることが若者の自立にとって効果的との考えに至ったのだ。

最近注目されているヤングケアラーに対しても、山田さんは「親の面倒を見るな。それは親と社会の責任だ」と言いたいそうだ。ただし、家族の病気や障がいを家族がケアすることは当然とする根深い考え方が日本社会にある。親の問題を子どもから切り離し、子どもは子どもの人生を歩めるように支援することが社会全体の共通認識になる時が今後来るだろうか。

最後に山田さんに、学力が高くない高校生は大学や専門学校などでもっと学んだ方がよいと思うかを尋ねてみた。彼女は、そうは思わないと即答した。地元企業でも大卒や短大卒、専門学校卒の若者を採用しているが、彼らは必ずしも十分な学力等を備えておらず、実際に、彼女自身がある短大卒の従業員を雇って苦い体験をしている。

山田さんの本職である社会保険労務士の仕事は作成する書類に厳密な正確さが要求される。事務職として雇ったその女性は何度も漢字や表記のミスを繰り返した。例えば、会社名の先頭が㈱なのか、「株式会社」が会社名の前に付くのか、後に付くのかなどに気を配ることができない。さらに、取引相手の名前の漢字を正しく書くことができない。本来「齋藤」という表記の人を「斉藤」と書いても日常ではさほど問題とされないが、正式の書類では正しい表記が必要である。このような点を何度指導しても改善されず、遂には「仕事に向いていない」と辞職したそうだ。

例外があることは承知の上で、高校もその上の高等教育機関も、地域社会に根差す企業が本当に求める資質や能力を育成していないと山田さんは感じている。彼女は「教育は、教育基本法にも記載がある通り、人格の完成や平和で民主的な国や社会を形成するために必要な資質を備えた国民を育成しなければなりません。つまり、お金を稼いで税金を納めて、他の人々と仲良く共に生きていく人間を育てることです」と断言する。今の学校教育がこれを実現できているかと問われれば、筆者も首をかしげざるを得ない。

近年の教育「改革」は経済界の意向を強く受けているが、その経済界とは大企業のみであり、地域に根差した多数の中小企業の意向は為政者に届いていないのではないだろうか。地域企業の意向が反映されていなければ、高卒で地域企業において働く生徒にとっては「改革」は自らの将来には無用のものであり、逆に、本当に必要なものを学べないことになる。この齟齬《そご》が、教員や就職支援教員の熱心な指導を受け、本人が非常に努力して正社員としてスタートしても、仕事への不適応が生じて長期的な経済的基盤が築けない状況を生む一因になっているのではないか。「仕事ができる高卒生」を尋ねた時、真っ先に「基礎学力」を口にしなければならなかった山田さんの声を、社会全体が重く受け止めるべきだ。

先の檮原さんと山田さんの取材を終え、学力低位校から就職を選んだ高校生の将来は決して明るいものではなく、貧困の連鎖を断てる人は恐らく多くはないであろうと推測できる。もちろん、高卒生が働くことになる中小企業等の労働問題もあるが、それについては後の章で触れることにしたい。

第5章　専門学校進学の問題点

第1章で見た通り、「学力上位校」ではほとんど見られないが、「学力中位校」「学力低位校」では多くの生徒が専門学校に進学している。文部科学省の「令和3年度学校基本調査」によれば、2021年度の専門学校進学率は全国で24％であるが、高校によっては進学者のほとんどが専門学校を選んでいる。今の日本では子どもの学力と家庭の経済力に正の相関関係があることが確認されているので、学力が高くない高校生の家庭は経済的に厳しいことが少なくない。そのような高校生が専門学校や大学などの高等教育に進学する際に、奨学金や教育ローン等を利用している率が高い。

現在、高等教育に学ぶ学生が最も利用しているのが独立行政法人日本学生支援機構（旧・日本育英会）の奨学金である。2020年4月に新設された返済義務のない給付型奨学金を利用する生徒、借りた金額を無利子で一定期間に返済する第一種を利用する生徒もいるが、圧倒的多数は有利子返済が義務付けられている第二種の奨学金を利用している。同機構の発表によれば、2020年度の利用者数は、高等教育修学支援の新制度で新設された給付型が約28万人、無利子返還の第一種が約49万人、有利子返還の第二種が約71万人である。

また、学校種別の利用率を見ると、同年、通信制を除く大学生・短大生が2・7人に1人の利用、専門学校生が2・4人に1人の利用と、専門学校生の利用割合の方が高い。

現行制度では専門分野を問わず、日本学生支援機構の奨学金の利用が可能である。給付型の奨学金以外は、学生が返済義務を負う借金になる。専門学校進学に限ったことではないが、将来、返済できるだけの収入が得られる仕事に就くことが、彼らの人生設計にとって重要になる。「学力低位校」の生徒が多く選ぶ専門学校への進学が彼らの将来にどのような役割を果たしているのか、この問題をしっかりと検証する必要がある。

専門学校とはどのような学校なのか

上記の問題を考える前に、まず専門学校という学校について見てみよう。

一般的に専門学校と称される学校の正式名称は、「専修学校専門課程」である。専修学校には「専門課程」「高等課程」「一般課程」の3種があるが、高校卒業以上の学歴の者を対象にして設置している学校が「専門課程」に該当する。専門学校には文部科学省や都道府県知事など公的機関から設置認可されている認可校と、認可を受けていない無認可校がある。無認可校の中には特定分野で実績のあるところもあるが、日本学生支援機構の奨学金や学生割引の対象外である。また、正式の学校とはみなされないため学歴とは認められない。

文部科学省の「令和3年度学校基本調査」によれば、専門学校数は全国で2754校、その93%が私立、全学生数は約60万人となっている。

いわゆる専門学校を含む専修学校は、1976年、学校教育法に新たな学校として追加され創設された。その目的は「職業若《も》しくは実際生活に必要な能力を育成し、又は教養の向上を図る」（同法124条）ものとされていた。また、修業年数1年以上、年間授業時間800時間以上、常時40人以上の在学生がいること等がその要件として定められた。

この新しい学校の創設には、先の目的の他に別のものもあったと、後述する塚原修一氏らの先行研究で指摘されている。当時の政府は大学の量的拡大を抑制する政策を取っていたが、現実には大学進学希望者が増大していた。大学に代わる彼らの受け皿としての役割も考えられていたというのである。

しかし、その後の専門学校は、ごく一部を除いて、大学に代わる受け皿の役割は果たしていないように見える。むしろ、設置基準が大学よりも緩いこと、小規模の学校が多いことを幸いに、その時々の流行や高校生の興味・関心に敏感に反応し、専攻分野を増加・細分化させて変化している学校が多い。

70年代後半にスタートした専門学校は、好景気が続いた80年代からバブル崩壊の時期まで学校数も学生数も増加していき、学生数が最大となったのは93年で、この時の総学生数は70万1649人であった。

90年代は大学の入試方法の多様化が進められ、これまで大学進学が不可能だった学力層の高校生にも大学進学の道が開かれた時期であり、その後は、大学と競合する分野では専門学校ではなく大学を選ぶ動きが見られた。さらに、日本社会での少子化の進展、長引く経済不況等の影響で2008年には総学生数が60万人を切った。しかし、そこから年による小さな増減はあるものの、2020年代の現時点まで全体的に見ると微増傾向が続いている。

国が目指す専門学校の改革

新たな学校として発足した専門学校は、現在に至るまでに度々の制度面の改変があった。本章の目的は高校生にとっての専門学校の意義を考えることなので、そこを視座にして、その後の変遷を文部科学省の資料等からごく簡単に辿ってみる。

1980年に専門学校は日本育英会奨学金事業の対象となる。これで、大学・短大と同様に公的な支援が受けられるようになり、高校生に対する専門学校の存在意義は格段に上昇したと考えられる。

1991年には専門学校で学修した単位が大学での単位として認定されることとなり、高校でも専修学校で学修した単位を認定する動きが起こった。そして、1998年には修業年限が2年以上、総授業数が1700時間以上の専門学校の修了者に対して大学編入学の資格も付与された。専門学校での学びは大学進学も視野に入れた学歴の一つと捉えられるようになり、1995年には卒業生に「専門士」の称号が、さらに2005年には4年以上の専門課程修了者等に「高度専門士」の称号が付与されるようになっている。

このように、専門学校の社会での存在意義が高まるにつれ、教育機関としての組織のあり方や教育の質の向上が問題とされるようになる。そこで、2000年代初頭から財務情報等の情報公開の義務化、自己評価の義務化等が大学・短大と並んで求められるようになった。

一方、この時期には中央教育審議会に「今後の学校におけるキャリア教育・職業教育の在り方について」の調査委員会が設けられ、2011年にはその答申が出されている。その中で、成長分野等で求められる専門人材育成の重要性が指摘され、その育成機関として専門学校へ大きな期待が寄せられた。この答申には、1990年代から進展した日本の雇用形態の変化により就労の不安定化が続いていること、特に、若年層の就労が厳しく、彼らへのセーフティネットが必要であること、さらに成長分野では専門知識や技能を持った核となる労働力が不足していること等当時の社会情勢への分析がある。

同答申以降の約10年間、専門学校は大きな変革期となっている。2013年には、従来より実践的で専門的な学修を行う課程として「職業実践専門課程」の認定に関する規定が定められた。「職業実践専門課程」に認定された専門学校の実践分析も含めて、2022年には専修学校の質の保証・向上に関する調査研究協力者会議の取りまとめが公表されている。

表9　専門学校で学ぶ分野

	分野	主な設置学科
1	工業	情報処理、自動車整備、土木・建築等
2	農業	農業、園芸、フラワービジネス、動物管理等
3	医療	看護、歯科衛生、理学療法、柔道整復等
4	衛生	調理師、製菓、理容、美容、エステ等
5	教育・社会福祉	保育、社会福祉、介護福祉等
6	商業実務	経営、簿記、旅行・観光・ホテル、医療秘書等
7	服飾・家政	ファッションデザイン、和洋裁、スタイリスト等
8	文化・教養	デザイン、音楽、演劇、写真、法律行政等

（文部科学省「これからの専門学校教育の振興のあり方検討会議」配付資料より作成）

また、文部科学省は、2013～2014年に「専修学校における生徒・学生支援等に関する基礎調査」を行い、今後の修学支援の在り方についての研究が進められた。

このように、ここ約10年間は学校教育法第124条にある目的の内、社会のニーズに沿った職業教育という側面を強化する方向へ舵が切られていることがわかる。改革の詳細はこの論では省くが、問題は、この改革自体が専門学校進学を目指す高校生やその保護者、さらに専門学校進学数が多い高校側に正しく伝わっていない点である。

細分化・複合化する専門分野

専門的な知識や技能を学ぶ学校が専門学校であるが、そこで学ぶ分野は上記の8つに大別されている。

第1章で確認した各高校の専門学校進学者の進学先も概《おおむ》ねこの分類に従って集計されている。この中で、看護や美容など従来からある国家資格等を目指す学科は、学科名等が創設以来ほとんど変わらないが、それ以外の分野では目指す職業によって各分野が細分化され、あるいは他分野と複合して、より多くのジャンルが生まれている。

例えば、「8 文化・教養」に音楽が含まれるが、東京のある大手専門学校では音楽分野としてミュージックアーティスト科（これはさらにプレイヤー、ヴォーカリスト、サウンドクリエイターの3コースに分かれる）、コンサート・イベント科、音響芸術科、ダンスパフォーマンス科の4つの科が設けられている。また、この学校以外で同じく「8 文化・教養」に含まれるデザイン分野を見てみると、ゲームクリエイター科（4年制と2年制）、CG映像科、グラフィックデザイン科、Webクリエイター科、インテリアデザイン科、プロダクトデザイン科など、学校によって様々な科が設けられ、その学ぶ内容が「1 工業」分野とも重なる複合型の学習内容が多くなっている。

このような状況のため、従来の8分野区分では具体的な教育内容がわかりづらくなり、さらに分野内で系統分けが行われている。専門学校進学希望の高校生向けに情報発信やイベント企画を行う企業が発行する資料では40～60程度の系統に分けているケースが多い。

これらのどの分野においても「その分野のプロを目指す」と謳《うた》っているが、設けられている専門分野の中には能力やセンス、運、その時代のニーズなどが就職やその後の収入に大きく影響を及ぼす分野が少なくないと推測される。そのため、いくら専門学校で学んでも、希望する仕事に就けない、あるいはその仕事を長く続けられない可能性がある。また、非常に細分化された学びを行っているので、その分野以外の仕事に就くことになった場合、高卒扱いの待遇になることが多いのも想像に難くない。

どの分野を学ぶ学生が多いのか

現在、この8分野にはどれほどの学生が学んでいるのだろうか。

ここからの考察は、文部科学省の「学校基本調査」の結果を基に様々な分析を行っている株式会社インサイトインターナショナルが開設するナレッジステーションホームページを参考に進めていく。

表10は、2021年度の専門学校在籍者を先の8分野別に集計したものである。これを見ると、在籍数が最も多いのは「医療」系、次いで「文化・教養」系、「工業」系と続い

表10 専門学校分野別学生在籍数

（2021年度）

（単位：人）

	合計	国公立	私立
工業	100,539	151	100,388
農業	4,848	3,359	1,489
医療	183,240	18,673	164,567
衛生	71,567	0	71,567
教育・社会福祉	32,038	308	31,730
商業	71,482	161	71,321
服飾・家政	15,954	0	15,954
文化・教養	127,361	182	127,179
計	607,029	22,834	584,195

（ナレッジステーションHPより作成）

ている。

看護など医療系は専門学校の創設期から学校数も多く、これらの職業に就くための養成機関の役割が大きかった分野である。加えて、これらの職業への社会的ニーズは将来的にも高いと予想される。看護師や理学療法士など「医療」系に学ぶ学生数が最多であるのは、学生が職業の将来性や自身の将来設計を考えての選択と言えよう。私立学校が圧倒的に多い専門学校だが、その中で、「医療」系は学生の10％強が国公立学校に在籍しているのも、公費を費やしても育成したい職業であることを物語っている。

国公立校に在籍している学生という視点で見ると、「農業」系が全体の在籍数は少数ながら在籍者が多い分野となっている。この分野も、地域の専門的労働力を育成したいと考える自治体があるのだろう。一方、調理や美容などの「衛生」系、ファッション関連の

「服飾・家政」系では国公立校が全く存在しない。

表11は2021年度の8分野の入学者数を示したものである。新型コロナウイルスの影響を大きく受けた世代になるが、入学者が最多だったのは「文化・教養」系だった。これは、新型コロナウイルスという脅威が新たに出現しながらも、自分の「好き」を重視した分野選択をする高校生等が多かったことを意味する。その反面、僅差で2番目に多い分野となったのが「医療」系だった。この年は新型コロナウイルスの対応に追われる保健所や医療機関の過酷な状況が連日報じられていた。その厳しい労働環境に臆することなく、働きたいと考える高校生等も多かったと言えるだろう。

より細かい系統別に見て、入学者が多い系統の5位までを示したのが表12である。ここでは入学者が最多だったのは「看護」となっている。2位には、新型コロナウイルス感染の影響で、一時期、

表11 専門学校分野別入学者数

（単位：人）　　（2021年度）

分野	総数	男	女
工業	44,054	36,757	7,297
農業	2497	1749	748
医療	63,397	18,151	45,246
衛生	40,191	11,596	28,595
教育・社会福祉	15,805	3,942	11,863
商業	36,099	15,001	21,098
服飾・家政	6901	1980	4921
文化・教養	64,518	29,351	35,167
計	273,462	118,527	154,935

（ナレッジステーションHPより作成）

客足が遠のいていた「美容」が入っている。
さらに男女別に入学者数が多い系統を示したのが、表13と表14である。女子は「看護」「美容」が圧倒的に多数であり、男子は「情報処理」が1位だが、それ以下は広い系統に分散している特徴が読み取れる。
次に、第1章で見た3つに分類した高校別の専門学校進学の傾向を確認しつつ、関係する系統の学生数を見てみたい。

表12 入学者の多い系統
（2021年・全体）

（単位：人）

	系統	人数
1	看護	29,860
2	美容	19,414
3	情報処理	15,775
4	デザイン	11,138
5	文化その他	10,858

（ナレッジステーションHPより作成）

表13 入学者の多い系統
（2021年・男子）

（単位：人）

	系統	人数
1	情報処理	13,185
2	自動車整備	8,077
3	法律・行政	7,598
4	土木・建築	6,034
5	工業その他	5,979

（ナレッジステーションHPより作成）

表14 入学者の多い系統
（2021年・女子）

（単位：人）

	系統	人数
1	看護	25,979
2	美容	15,173
3	歯科衛生	7,162
4	動物	6,713
5	デザイン	6,352

（ナレッジステーションHPより作成）

第1章で、学力低位校から「医療」系の専門学校に進学する生徒は多くないこと、逆に、「学力上位校」や「学力中位校」からの専門学校進学者には「医療」系が多いという特徴を確認した。

この分野では看護師、臨床検査技師、理学療法士・作業療法士など国家試験を経て資格を取得し、その仕事に就くことを目指す。そのため、これらの分野は専門学校入学の際に学科試験が課され、特に、国公立などの一部の学校の入試では大学と同等レベルの学力が必要となる。この学力のハードルがあるために、学力に自信のない高校生は敬遠する分野である。

一方、学力が平均よりも高い高校生の中で大学進学を目指しつつ、受験校の一つとして同分野の専門学校も受ける生徒、あるいは家庭の経済状況を考えて当初から専門学校に絞って受験する生徒がいることは、第1章でも確認した。特に、看護は一定期間その病院、もしくは学校所在地の病院で勤務すれば返済不要の独自の奨学金制度も存在するので、経済的理由からこの分野を選択する高校生は以前から存在したのだ。

後にも記すが、「医療」系分野の多くは、資格を取得すれば、現在の日本で就職に困らない分野だ。中でも看護師は、慢性的な人材不足で労働環境が厳しい等の問題点もあるが、

表15 工業系の在籍者数

（2021年）

（単位：人）

工業系	在籍者数
測量	475
土木・建築	16,048
電気・電子	2,143
無線・通信	455
自動車整備	18,424
機械	854
電子計算機	4,114
情報処理	36,309
工業その他	21,717

（ナレッジステーションHPより作成）

その就職が可能かどうかという面では、「国家資格さえ受かれば、一生、仕事口には困らない」と、この分野の課程を持つ専門学校も大学も断言する。つまり、この分野への進学は、将来の経済的自立がある程度保証されている分野と言えるだろう。

第1章では「学力低位校」の生徒は、美容やメイク、ゲーム・アニメ、動物、調理などを選ぶ傾向が見られた。

現在の高校生にとって強い関心事の一つであるゲーム・アニメは「工業」系と「文化・教養」系にまたがって存在する。「工業」系の各分野の学生在籍数は表15のようになっている。学生数が多いのは「情報処理」「工業その他の分野」であり、ゲームやアニメ関連は後者に含まれる。

「工業」系の中に「自動車整備」が含まれる。この専攻では大手自動車メーカーが自社の自動車整備に特化した専門学校を設けている点が特徴である。そこで資格を取得すれば、その企業の本社から各地のディーラーまで優先的に就職できるシステムがある。また、

「測量」や「土木・建築」も資格をとれば就職に結びつきやすい実績ある分野である。

「情報処理」には最近注目度の高いＡＩやネットワークシステム関連が含まれ、そこではシステムエンジニア等種々の資格が取得できる。この分野は、現在、最も専門的人材が求められている系統と言えるだろう。

では、ゲームやアニメ関連分野はどうであろうか。最近は、この分野の人気を追い風として、学校の新設、既設の専門学校での新学科創設が目立っている。募集人数も、１学科１００名を超える大人数の学校、あるいは定員数が明記されていない学校もある。この分野を設けている専門学校の学校案内を見ると、どこもゲームクリエイター、アニメクリエイターの育成を目指すと書かれており、専門学校の学修で目指す資格等は明記されていない。

ゲームやアニメのデザインや音響を特に学びたい学生は「文化・教養」系の中に含まれる学科を選ぶこともある。それでは、「文化・教養」系のさらに細かい系統別学生数を見てみよう。表16はこの分野の学生数を集計したものであるが、この分野の範囲が非常に広いことがわかる。アニメ・ゲーム関連は、「文化その他」を中心に、デザインや音楽等複数の系統にまたがっており、それらを学ぶ学生数は相当数に上ると推測できる。

表16 文化・教養系の在籍者数（2021年）

（単位：人）

文化・教養系	在籍者数
音楽	13,802
美術	3,708
デザイン	23,924
茶華道	21
外国語	10,572
演劇・映画	6,417
写真	1,011
通訳・ガイド	3,515
動物	16,029
法律・行政	17,085
スポーツ	10,073
文化その他	21,204

（ナレッジステーションHPより作成）

もちろん、専門学校の学生には、高卒からストレートに進学する者だけでなく、大学等の卒業者や社会人経験者も含まれる。しかし、第1章で見たように、自分が「好き」な分野を選ぶ高校生が、在籍学生数に多く含まれることに疑いはない。

「夢」は本当に就職に結びつくのか?

それでは、専門学校の分野別の就職率はどのようになっているのだろうか。専門学校には、「就職に強い」というイメージがつきまとうが、それは本当なのだろうか。

厚生労働省と文部科学省が2022年3月に公表した2021年度の各学校種卒業生の2月1日現在の就職率は、大学が89・7%、短大が86・9%、専門学校が81・6%であり、一般的なイメージを裏切る数値になっている。この数値は専門学校全分野の平均であり、専門学校では分野ごとに就職率が大きく違うのではないかと想像できる。

そこで、専門分野ごとの詳細を探しても明確な数字がなかなか入手できない。各分野ごとの就職状況を示す研究を探して、ようやく以下の論文等を入手することができた。

まず、2005年に、当時、国立教育政策研究所高等教育研究部長だった塚原修一氏が発表した「専門学校の新たな展開と役割」に分野別の就職率が明らかにされている。それによれば、2004年の段階で、専門学校の各分野の就職率は大きな差が生じている。「医療」系の各系統は90%を超えて最も高い就職率となっており、しかもそのほとんどが関連分野に就職している。他では保育や介護等を担う「教育・社会福祉」系、自動車整備、情報処理等も高就職率を示している。

その一方、「服飾・家政その他」が53・5%、「演劇・映画」が51・9%、「外国語」が39・5%、「音楽」が38・1%で、関連分野への就職率も高くはない。

この10年後の2015年の状況は、文部科学省の「これからの専修学校教育の振興のあり方検討会議」の第9回の参考資料の中に示されている。これを見ると、この年の専門学校全体の就職率は80・8%であった。同資料では専修学校全体の分野別就職率も明らかにされている。それによれば「教育・社会福祉関係」が87・2%、「衛生関係」86・1%、「医療関係」85・8%、「工業関係」80・1%となっている。低いほうは「文化・教養関係」41・6%、「服飾・家政関係」59・6%である。

専修学校全体の統計ではあるが、専修学校卒業生数の内専門課程が約84%を占めているので、全体の傾向が推測できる。

このような動向を見て、専門学校を就職面で分類したのが、現在、滋慶教育科学研究所職業人教育研究センター長の志田秀史氏である。同氏は2017年の博士論文の中で、就職状況によって専門学校の分野を3つに分類する試みを行っている。それは①就職型［工業、商業事務、医療、教育・社会福祉、スポーツ、食、美容、農業・バイオスフェア（動物等）分野］、②デビュー型［パフォーマンス（俳優、ミュージシャン、ダンサー、漫才師等）分野］、③就職・デビュー折衷型［コミュニケーションアーツ（アニメ、ゲーム、デザイン）分野］の3つである。

卒業後、すぐに正社員または契約社員として専攻した分野にほぼ全員が就職する分野が「就職型」である。「デビュー型」は正社員もしくは契約社員としてほぼ全員が就職することが困難な分野であり、「就職・デビュー折衷型」は「デビュー型」よりも雇用契約は成立しやすいが、それは見習いやアシスタント契約で独立前の雇用と考えられる就職の仕方である。志田氏の分類は、先行論文・調査資料での就職率の傾向の理由付けとして説得力あるものである。

僅少な研究ではあるが、各分野での就職率の差は以前から大きく、また、就職に関する慣例も異なることがわかる。そして、学力が低い層の高校生が選択する傾向が強い音楽やアニメ・ゲーム等の分野には独自の慣例があり、また、就職率も高くないと想像できる。自分の「好き」を重視してこれらの分野を選んだ高校生が、将来長きにわたってその分野に関連する仕事に従事できる可能性、経済的に十分に自立できる可能性は残念ながら高くないと推測せざるを得ない。そもそも、アニメ・ゲーム業界は、有名なアニメ監督や人気のゲームクリエイター、大手ゲーム会社正社員などの年収は高いが、アニメやゲーム制作の実務に関わる人の多くは収入が低いという格差でも知られている。

つまり、学力の低い層からの専門学校進学は、その分野に関する先天的な才能に恵まれている場合を除いて、将来の格差解消には結びつき難いといって間違いないだろう。

この章の冒頭に、学生支援機構の奨学金を利用しての進学者が多い現状に触れた。専門学校での学修が安定した職業生活を可能にしないのであれば、卒業時に多額の借金を背負っている学生は、その後の生活設計が非常に不利になる。昨今、奨学金が返済できず窮地に立つ、あるいは自己破産に追い込まれる若者の存在が話題になっているが、そこには専門学校を出た若者も多数含まれる。専門性が活《い》かせる職でなければ、大卒より低い賃金形態となる専門学校卒業生の方が奨学金の返済には厳しい状況になるのだ。

どの専門学校も、「好き」や「得意」を仕事にする、「夢」を将来に活かす等と高校生に向けて謳い、就職に強いという一般的なイメージを前面に打ち出してアピールする。本当に「好き」や「夢」を将来の職業や経済的自立に結びつける役割を果たしているのか、専門学校側に自問を促したいところである。

専門学校出身者の就職は地元の中小企業が多い

さらに、専門学校進学が将来の生活の安定につながるのか、考えてみたい。

文部科学省が専門学校の今後の方向性を決めるにあたり、大きな影響を持ったと思われる調査がある。同省の委託を受けて、東京大学が２０１３年に実施した「高等教育機関への進学時の家計負担に関する調査研究」と、株式会社リベルタス・コンサルティングが２０１５年に発表した「専修学校生の学生生活等に関する調査研究」である。この当時、経済的理由で高等教育機関を中退する者、奨学金返済が滞る者の増加が社会問題となり、それに対する対策を講じるために同省が委託したものと考えられる。どちらの調査も高等教育専門家のみが委員に選ばれ、送り出す側の高校や受け入れる側の専門学校の教職員が委員となっていないことに疑問を感じるものの、家計やアルバイト、進路選択の動機等詳細の質問が行われているため、貴重な調査研究と言える。

これらの調査研究で、両親年収が低いほど専門学校への進学割合が高まっている点が指摘されている。これは、現在、学力の高い高校ほど授業料減免率が低い、つまり、家計収入が高いこと、さらに学力が低い高校では専門学校への進学が多いことを別の面から証明することになろう。同じ傾向は、２０２１年12月に発表された国立教育政策研究所高等教育研究部の「高校生の高等教育進学動向に関する調査研究」第１次報告書でも言及されている。

２０１５年の調査研究では就職に関しても調べている。専門学校進学者１５９名に対する調査ではあるが、４年制大学進学者と比べて実家所在地からの移動が少なく、３人に２人は出身都道府県にある学校に通っていることがわかった。また就職では、学校が所在する都道府県内に就職する率が７割で地元定着率が高い特徴も見られた。

調査対象者の中に含まれる都・府の居住者の割合が不明のため断定はできないが、地元での就職が多いことから、中小企業への就職者が多いと推測できる。この点は、早くは塚原氏の先掲論文でも指摘されていた。

日本では大企業の所在地は東京、大阪など大都市であることが通例だ。東日本大震災や新型コロナウイルスの影響で本社を地方に移す企業が話題になったこともあるが、それも新興企業がほとんどで、動き自体も拡大していない。

中小企業で働く率の高さは、第3章でも高卒就職者について確認された特徴である。これらの特色は、現在の日本の労働環境としては決して有利なものではない。最近のニュースでも、大企業は過去最高益、過去最高の内部留保を積む一方、下請けである中小企業は円安による原材料のコスト高分を製品価格に上乗せすることも認められず、経営に苦労する厳しい現実がしばしば報道されている。賃金面で見ても、大企業と中小企業の賃金格差は大きく、それは都道府県ごとの平均収入額の差にも直結している。

また、地方再生の試みは数多く行われているものの、恒常的な成功を収めている地方は非常に少数だ。「地方には働く場がない」という言葉を聞くが、費用を使って専門学校で多様な分野を学んでも、介護や医療以外の仕事を探せないという現実は歴然と存在している。

上述の専門学校卒業生の就職の特徴からは、専門学校出身者は、就職できたとしても最初から不利な条件を含んだ就職となっていることが残念ながら認められる。

専門学校の中退率は明らかではない

ここで、専門学校の中途退学について少し考えてみたい。さほど話題にならないが、専門学校の中退者はかなり多いと推測できる。推測としたのは、総中退者数や分野別中退者数がはっきりと語られることがないからだ。同じ分野を学ぶ専門学校であっても、修了年数に差があるので集計がしづらいという面も確かにある。修了年数の違いを考慮せず、文部科学省の学校基本調査の入学者数と卒業者数から計算して、中退率を約14%とする論などがインターネット上に見受けられるが、これは信憑性《しんぴょうせい》が高くない。それでも、専門学校進学者の話などから専門学校の中退率は現在かなり高いと推測できる。

中退率に関する調査研究も非常に少数のようだが、先に挙げた就職率に関する論文は中退率にも触れている。

塚原氏の先掲論文では、2005年の専門学校中退率を15・5%とし、短大の7・4%、大学の8・8%より多いと算出している。当時は、専門学校が高等教育機関として社会的存在感を高めた時期でもあるが、この突出した高さが専門学校の教育の質を見直す契機になったとも考えられる。その後、中央教育審議会に「今後の学校におけるキャリア教育・職業教育の在り方について」の調査委員会が設けられ、専門学校が職業教育の大きな一翼を担うように現在までも改革が進められていることは既に記した。

専門学校を含め学生の中退理由には経済的困窮も大きいと気づいた文部科学省は、学生の支援拡大を並行して考え始める。そして、その支援の大枠が示されたのが、2014年に発表された「専修学校における生徒・学生支援等に対する基礎調査」調査研究報告書（概要）である。調査は2013~2014年に専門学校を含む専修学校、そこで学ぶ学生、保護者、学校が所在する自治体を対象に行われた。ここでは専門学校全体の中退率とその理由が2010年から2012年までの3年間について分析されている。該当部分の冒頭に中退者数は「わずかではあるが増加傾向にあり、そのうち経済的理由を直接の原因とするものは、約1割を占めている」とあるが、具体的中退率は明記されていない。

先に挙げた志田氏は他の2名との共著である2021年の「就職型の専修学校専門課程における中途退学要因に関する調査研究」の中で、2014年の先の基礎調査に触れ、「私立専修学校専門課程の全分野では、毎年7%程度の学生が中途退学しており、修業年限が2年であれば14%、3年であれば21%の学生が中途退学していることになる」との指摘がなされていることを紹介している。

2021年の志田氏他の論文では、就職の在り方を視点に氏が分類した3類型の内、もっとも就職率が高い「就職型」の中退者について詳細に調べている。専攻分野別の中退理由を調査する興味深い研究だが、調査協力校に絞ったこの研究でも中退率は明記されていない。

文部科学省も専門学校の中退率に関しては、さほど関心を払っていないようにも見える。2020年以降、新型コロナウイルス感染症の影響による中退者数の調査を行っているが、その際にも大学・短大及び高等専門学校が調査対象となっており、同じ高等教育機関でありながら、いわゆる専門学校は含まれていない。

これまで、専門学校についていくつかの面から見てきた。少なくない問題を内包しつつも、難関大学に合格するレベルの学力ではない、また、経済的に恵まれていない高校生にとっては、高等教育を受ける現実的な選択肢になっていることは事実だ。進学すれば将来の生活の安定や自立の可能性を高めてくれるとの期待を高校生や保護者が持っていることを、専門学校関係者には肝に銘じてもらいたい。

第6章 「玉石混淆」の専門学校——職員の立場から

前章で述べたように、様々な変化を経た専門学校だが、今、どのような状況にあるのか、取材も交えて明らかにしてみたい。

進学した高校生や専門学校関係者、進路情報企業等からの情報によれば、教育機関というよりも営利企業の性格が強い学校が一部存在する現実が見える。少子化の影響で学生募集に苦心している学校も多く、公表されている入試スケジュールを無視して、「青田買い」のように少しでも早く学生を確保したいと考えている学校もある。入学へのハードルも高くはなく、医療系や保育、栄養など一部の分野を除いて基本的には学科試験を課さない学校がほとんどである。

とにかく学生を集めることが至上命令であり、インターネットで資料を請求したり、学校見学会や体験入学に参加した高校生に対して美辞麗句で入学へと勧誘する学校もある。今回、専門学校の取材をする中で、「学生一人を300万円の収入とだけ考える学校もある」との裏話を聞いた。このような学校では、そこでの教育の質も推して知るべしだろう。

また、入学した学生に提供する教育の質に差をつけることもある。専門学校に進学した卒業生が出身高校でしばしば語るのは、「できる、才能のある学生は良い先生が担当し、できない学生には熱心でない先生が振り分けられる」という嘆きだ。専門的学修で高成績を挙げられず、成績下位層のクラスに入った学生の嘆きかもしれないが、同様の話は複数の分野で耳にする。おそらく、就職実績、中でも特筆すべき就職先をアピールしなければ学校の存続も難しくなるシビアな現実の表れなのだろう。

例えば国家資格を目指す分野でも、少数の学生を丁寧に指導し合格させる専門学校よりも、多くの学生を集め、その中で優秀な学生に効率的に学修させて合格率を上げる方法を取る学校の方が経営は楽になる。どのような学生からでも学費を徴収するので収入は多くなるからだ。そして、学力が低い学生には国家試験を受験しないようにやんわりと勧め、受験者数自体を絞って合格率を上げる方法を密《ひそ》かに取る学校もある。在学生数と国家資格合格者数を丁寧に比べれば、その学校の教育の質はわかるのだが、そこまで行う高校生や高校教員はまずいない。すると、「国家試験合格〇〇名、合格率〇〇％」だけが独り歩きし学生募集に役立つことになる。専門学校の中で、学科や学年の定員数をあまり公表したがらない学校は、このような疑いの余地があると言える。

その一方、その専門分野の教育に熱心な専門学校も存在し、営利的性格が強い専門学校のことを専門学校全体のイメージダウンの元凶と苦々しく思っていることも多い。

このような良心的な専門学校の職員2人を取材することができた。専門学校の実情を知るには、教育機関としての意識を持っていない専門学校関係者からも話を聞くべきだが、そのような学校は取材に応じないか、取材しても建前の話だけで終始する。幸い、取材を受けてくれた両人とも複数の専門学校での勤務歴があり専門学校の勤務年数も長い。そこで、専門学校全体の動きも伺うことができた。

良心的な専門学校の職員となって

取材したのは以下の2人である。

1人は、東京都北区にある東京歯科衛生専門学校で広報部長を務める齊藤さんである。勤務校は1924年創設の学校法人が母体であり、1983年に同専門学校を開設した、この分野では歴史ある学校だ。2019年には私立歯科大学と連携し、より高度で専門的な学修や実習も可能になった。学校は住宅地内の緑豊かな落ち着いた環境にある。

齊藤さんは溌溂《はつらつ》としたスポーツマンタイプの男性で、学生時代は教員志望だったそうだ。大学院卒業後、東京都の小学校や公的施設で体育関係の仕事を経て専門学校職員となり、そこで5年ほど勤務した後、現在の学校に転職した。明るい人柄が若者に親しみやすい印象を与えるからか、学生から気軽に声を掛けられ、また彼自身も学生に積極的に話しかけ様々な相談も受けている。

もう1人は、関東地方にある理学療法士や作業療法士を育成する専門学校の吉田さん(仮名)である。この専門学校は全国に100以上の施設を持つ医療・介護分野を主とした大きなグループの傘下にある。同グループには大学や他分野の専門学校など高等教育機関も所属しており、吉田さんの勤務校は2001年に開校している。

学校所在地は関東地方の自然に恵まれた場所で近隣には学校や病院が多く、同校に隣接して病院もある。また、周辺地域は近年大規模な住宅開発も行われている。

吉田さんは落ち着いた知的な印象の男性である。大学卒業後に広告会社に勤務した後、出身地の専門学校の広報担当に転職し、その後、能力を買われて現在の勤務校に移った。

同校はリハビリテーションを専攻する学生が学ぶので、病院や高齢者施設での実習やその関係の連絡業務などが多い。ゆったりと優しい吉田さんの語り口は学生だけでなく高齢者にも好感を持って受け入れられることだろうと筆者は感じた。

8分野の区分に従えば、齊藤さんの勤務校は「衛生」系、吉田さんの勤務校は「医療」系と分かれるが、どちらも医療と健康に関わる学校であり、専門学校で知識と技術を学び国家試験に合格し、その資格を活かした就職を実現することを目的としている。そのため、各学科は1学年40~80名と小規模で修了年数は3年となっている。

また、両校ともに高い専門性と同時に面倒見の良さをセールスポイントとしている。在学中に資格取得の国家試験に合格しなかった学生には、齊藤さんの勤務校では卒業後もオンライン指導や個別指導を行い、吉田さんの勤務校では在校生対象の国家試験対策講座に無料参加を認めている。それでも受からない学生や途中で分野変更を考えた学生には、それまで学んだことを少しでも活かせるような就職先や進学先を一緒に考えていくという。

面倒見の良さをセールスポイントにする専門学校は実は多い。実際に、専門学校は毎日の授業時間割もほぼ決められており、生活面でもクラス担任制を取っていて教職員と学生も親しく、高校生活との違和感は大学よりも少ない。この点が、自分で学ぶより誰かが方針を示してくれたほうが楽と考えるタイプの高校生には魅力的に感じられ、専門学校を選ぶ者もいる。しかし、どれだけ面倒見が良いと謳っていても、在学中だけでなく卒業後まで面倒を見る学校は決して多くはない。

専門学校職員が感じる高校生と教員

専門学校の広報担当は、勤務校が行う体験入学や高校内での進路行事、進路関係企業主催のイベントなどで高校生に接する機会が非常に多い。そこで、2人に最近の高校生に接して感じることを聞いてみた。

齊藤さんは「その時初めて会ったばかりなのに、いきなり『ため口』で話す生徒もいて驚きます」と語った。さらに、「少し前の高校生に比べて今の子のほうが全体的にラフな印象です。人間関係のしつけができていない気がします。以前は運動部の部活をやっていた生徒はそれなりに人間関係のしつけができていたのですが、最近はだめになりました」と続けた。どのような高校の生徒にラフな印象を強く感じるか筆者が尋ねたところ、これまで出会った高校生を思い出しながら「あまり学力が高くない高校生ですかね」と答えた。

吉田さんは、「最近の高校生は頭の回転が速く、決断も早い気がします」とまず語り、その上で、「決断をする際にもあまり悩まない、さらに親もそれを認めている印象です」と続けた。吉田さんの感想には年度途中で退学する学生の存在があるようだ。クラス担任や他の教職員が本人の能力や学習状況等を考えて翻意させようとしても、保護者は子どもの言うがままで引き留めようとしないケースが何度かあったという。30代後半の2人の目には高校生の気質の変化は確実に見えている。

次に、高校生の進路決定の方法、高校での指導について思うことを聞いてみた。

齊藤さんは「高校は、高校生の進路決定を進路関連企業に丸投げして、自分では情報収集をしなくていいと考えている気がします」との苦言を呈した。

専門学校の広報担当者は高校を訪問して自校の教育方針や特色をアピールする業務がある。高校訪問をすれば、その高校の雰囲気もわかるので、インターネット全盛時代となってもできる限りリアルに訪れようとする。その経験の中で、齊藤さんは「先生方が忙しいのはわかっているが、こちらの話をほとんど聞いてくれない先生が少なくない。ちらっと名刺を見て『ああ、専門学校か』という表情になり、面倒くさそうに対応する先生が、特に若い教員に多いようです」と付け加えた。

齊藤さんのこの印象には筆者も肯《うなず》ける。その裏には、一般社会が高校を判断する基準が人気のある種目の全国大会での実績と大学進学率に偏っていることがある。そのため、各高校は「大学進学率を上げること＝学校の知名度を上げること＝その学校が生き残れること」という公式を信じている。専門学校進学は高校にとってプラスにならないと考え、いい加減に対応する教員を筆者もこれまで多数見てきた。

高校教員には専門学校での学修経験者はほとんどおらず、専門学校に興味も持っていない。しかし、生徒には専門学校進学という選択肢があるのだから、専門学校職員が訪問してきた機会を正しい情報の入手手段として大いに利用すべきである。

吉田さんも、「ともかく先生も生徒も、うちの学校で目指す職業についてほとんど知らない」と嘆く。「そのため、自分はこの分野の布教師だと思っています」とユーモラスに語る。この発言の裏に、高校までに様々な職業について十分に学んでいない事実が指摘されているように思う。

また、「高校の先生方の指導にも地域差があると感じます。以前は現在の勤務校所在地の隣県にある学校に勤めていたのですが、その周辺の高校では先生方が生徒の将来を考えてきっちりと指導されていました。ですが、現在の勤務校の周辺の高校では、もっと生徒に任せる指導が行われているように感じます。生徒の自主性を重視するとも言えるのですが、一方で、先生は生徒の将来にあまり責任は持ちたくないといった姿勢にも思えます」と慎重に言葉を選びながら話してくれた。

吉田さんが感じた教員の指導の地域差は、筆者も各地の高校を訪れて感じる印象だ。一般的には、公立高校教員は採用された自治体内での勤務、私立高校教員は採用された学校法人内での勤務を続ける。もちろん、個々の教員の性格や年齢層等の違いもあるが、教員の指導方法や指導の熱量には、その地域特有の緩やかな慣例が感じられる。そしてそれは、その地域社会が長年にわたり培ってきた学校教育への期待や価値の置き方等、地域と学校との関係性が影響していると考えられる。

現代の若者はクールな人間関係を好む反面、親身に自分のことを考えてくれる大人を待っている面もあるようで、高校生も例外ではない。大人も若者から「うざい」と思われるのを避けて遠慮しがちだが、吉田さんの前任校周辺の高校では、生徒の将来を考えた助言をする教員が主流だったに違いない。

専門分野やその先にある職業のことを知らずに進学すると、自分の希望や能力等とのミスマッチに悩むことになる。だからこそ、2人とも勤務校の校風や学修について高校生に伝えることに熱心である。しかも、自校の宣伝だけでなく、その分野の学科を設けている他校やその分野特有の慣例についてもできるだけ伝えようとしている。進路行事などで対応した高校生の話しぶりなどから判断して、その分野に向いていないと思ったら、その旨を伝え、また自校には向いていないと思えば、同じ分野を学べる他校を紹介もする。

さらに、齊藤さんはSNS上でも、歯科衛生分野に進みたい高校生や若者の相談を実施している。そこでも、相談者にとって本当に相応《ふさわ》しい学校選びのサポートを心がけているという。専門学校関係者には自校の宣伝だけを行う人も少なくない中、なぜ、このようなスタンスで広報活動等を行っているのか、その理由を聞いてみた。彼は「もともと、学校教員を目指していたからでしょうか、生徒のことを考えてしまうんですよね。それと、勤務校が学生募集で苦労していないからでしょうか」と答えた。

様々な学力層の学生が学ぶことへの対応

齊藤さんの勤務校も吉田さんの勤務校も生徒募集には苦労していない。だが、在学生の出身高校を見ると様々な学力層の高校生が進学していることがわかる。そこで、このような学力差にいかに対応しているかを尋ねてみた。

まず、入試の段階の対応策である。専門学校の場合、総合型選抜や推薦型選抜の受験方法を選ぶ志願者が多く、専攻分野によっては書類審査だけで合格になる学校もある。しかし、国家試験突破を目標とする両校では、総合型でも推薦型でも志願者の学力を把握する工夫をしている。

齊藤さんの勤務校では、全ての受験で面接を、また総合型と一般受験では現代文を中心とした適性検査や学科試験を設けている。学科試験を課さない推薦型選抜の場合には、高校からの調査書の評定を高校の学力層で3ランクに分けるという。具体的には、各地の高校受験の偏差値一覧から受験偏差値54以上の高校、45～53の高校、44以下の高校と分けているそうだ。これは下を落とすという意味ではなく、あくまでも入試時点での学生の学力把握のために実施しているとのことである。

一方、吉田さんの勤務校では全ての受験方法で受験科目として現代文を課している。これは、教職員の間に専門的な学修の基礎として国語力が必要との共通の認識があったから実現した。吉田さんは「特に漢字は必要です。身体の部位を表す専門用語があるのですが、それらは漢字で記載されます。例えば、下腿三頭筋なども漢字の意味がわからなければどこを指すのかわからず苦労します」と具体例で説明してくれた。

また、医療関係の専門学校に生物や化学等の理科科目を学んでいない学生が入った場合は学修についていけるのかも尋ねてみた。大学受験では、高等教育の学修の基礎となる科目が受験科目になり、高校での履修単位数の条件があることも多い。しかし、両校を始め、専門学校ではこのような条件はほとんど見られない。両校とも、高校時代に生物等を履修していない学生にその内容を学ぶ補習や個別指導を行っているが、専門学校ではより専門分野に特化した用語や概念を学ぶので、新たなスタートを切るつもりで頑張れば、高校での未履修者でも授業に十分ついていけるとの話は、筆者には少し意外だった。

どちらの学校も、入試の際に何よりも重視するのは面接、中でも志望動機だそうだ。志願者がどこまで専門分野を真剣に学ぶ気持ちがあるのかを、高校までの学力以上に重要と考えている。それは、これまでその学校で学んだ学生の動向の分析があるからだろう。

医療関連の専門学校には、かなり学力が高い高校出身者で医療系の大学に不合格になった学生も入学する。受験勉強をしているので入学時点の学力は高いのだが、その後も不本意で入学した気持ちを引きずり退学してしまう学生も少なくない。

一方、専門学校生になったら遊べると思って入学したが、実際には国家試験に向けてタイトに授業や実習が組まれているので、「こんなに勉強させられると思っていなかった」という思いで退学する学生もいる。このような進路選択のミスマッチは専門学校だけに限ったことではないが、退学防止のために志望動機で学習意欲を見極めようとするのだろう。

出身高校の学力ランクが専門的な学修でどう影響するのか、この点は筆者の大きな関心事である。この質問に、齊藤さんは「やはり、高校時代の学力はそのまま専門学校での成績に関係しますね。専門学校で大きく逆転することはないようです」と答えた。「しかし、それは就職先の差には結びつきません。歯科衛生士の採用は国家試験の成績等より本人の印象点のほうが大きく左右しますから。国家試験合格が前提で、本人が素直な人柄で身だしなみ等を含め全体の印象が良ければ、偏差値の高くない高校出身者でもきちんと就職できますよ」と付け加えた。

一方の吉田さんは「偏差値の低い高校出身者でもコツコツと勉強できる学生であれば、成績が大きく伸びる可能性があります。以前、そのような学生が、学年トップの成績で国家試験に合格したことがありました」と語った。さらに、「リハビリテーション分野は8週間の実習があります。ここでは、一か所の病院や施設に学生が1人で実習に行きます。事前準備も十分にしていますが、それでも孤独な環境といえるでしょう。高校までの学力に関係なく、これにうまく順応できるかが大切ですね」と付け加えた。

吉田さんの話は、学力が低い層の進学に希望を与えてくれる。しかし、「コツコツと勉強ができる」という条件がついていることを忘れてはならない。むしろ、「コツコツと勉強できる」生徒は稀な存在だ。

実習の参加状況については、大学教員からも同様の話を聞いたことがある。ある薬科大学教員が、薬学部では薬局実習と病院実習の計22週の実習が課されるが、最初の3日ほどで実習先に行かなくなる学生が例年いて、それは入試の得点が高い学生に多い印象だということを話してくれたのである。

薬科大学でも吉田さんの勤務校でも、受験を意識した効率的な学習を行っている「進学校」出身者が在学する。このような学生の中には、自分の学力に高いプライドを持ち、失敗を怖れる気持ちが強く、対人関係が苦手な人がいることもある。これまで自分と同じような環境にある人とのみ接していて、立場や年齢等が違う人と対峙する機会が少なかったため、コミュニケーション能力が育っていない人たちである。一方、高校まで学力は高くなくても、アルバイトや趣味等を通して多様な立場や背景を持つ人と接する機会を多く経験してきたため、慣れない環境でもすぐに馴染める人もいる。

病院等での実習では周囲の人とのコミュニケーションが何より必要になる。特に、医療系実習では、患者との関係がうまく結べなければならない。リハビリテーション分野の場合、良好な関係が築けるかどうかのポイントを吉田さんは「人当たり」と表現した。「患者さんは症状を含め、自分のことを話したがります。それに対して、どう応えられるか、自分のこともさしさわりない程度で話せるかどうか、これらは普段の生活をどう過ごしているかに関係しますね」とさらに説明してくれた。

他者と良好な関係を結べるコミュニケーション能力に苦手意識を持つ若者は非常に多い。SNS上で同じ趣味・嗜好を持つ不特定多数と常につながっている代わりに、実際に対面して自分とは年齢も立場も趣味・嗜好も異なる人と出会う機会は非常に少なくなっている。このような経験が少ないため、患者と接する際に取るべき態度や挨拶、言葉遣いが全くわからなくなってしまう。特に、幼少期から家族以外の大人と接する機会を持っていない若者には至難の業だろう。あいさつ等のスキルが身に付いていない高校生が多いことは、第2章で紹介した学習支援員の大井さんも言及していた。

吉田さんの言う「人当たり」よく他者と接することができる若者は、現代では、出身校の学力差を問わず少なくなっていると感じる。それは今後、医療現場のみならず全ての働く場の様子に少なからぬ影響を与えるに違いない。

学費と奨学金の問題点

取材の最後に、学費と奨学金の問題点について尋ねてみた。

齊藤さんは、「同じ分野を学ぶにしても学校により学費がかなり違うことに注意してほしいです。最近はオープンキャンパスに参加すると受験料免除とか早い時期の総合型選抜を受験すると入学金から数万円免除等の措置をする学校もあるのですが、そのような学校はトータルの学費が高いケースがままあります。目先のお得感で学校を選んでほしくないですね」と助言してくれた。

齊藤さんの勤務校である歯科衛生士養成分野の平均的な学費は3年間で三百数十万円だが、1年間で100万程度の学費がかかるのは私立の大学・短大、専門学校では一般的であり、理系分野としてはむしろ少ないほうと言ってよい。

全国的には、公立専門学校で学費が平均の半額程度のところもあるが、そのような学校は定員数が少なく、さらに入試倍率も非常に高くなる。そのため、齊藤さんの勤務校でも日本学生支援機構の奨学金の利用者が多数存在する。「第一種の奨学金と2020年から始まった給付型奨学金の利用者はどちらも高校での評定平均の基準があるからでしょうか、学業に熱心な学生が多いです。ですが、問題は第二種を借りている学生ですね」と齊藤さんは、珍しく少し曇った表情で打ち明けてくれた。

第二種は採用に高校時代の評定平均に具体的な数値基準はなく、さらに毎月の貸付金額は最大12万円までと高額になっている。これを利用しながらも専門学校を中退してしまう学生もおり、その場合には返済に苦しむケースが多いと実感しているようだ。

「歯科衛生士の初任給は約25万円で大卒の平均よりも多いのです。これは、十分に毎月返済できる金額ですから奨学金を借りても資格を取って就職できれば大丈夫です。でも、専門学校中退で専門性を活かせないとなると高卒の就職になり給料も下がり、厳しくなります。だから、甘い考えで第二種を借りないでほしいと思います」と真剣な表情になった。

さらに、給付型奨学金については該当すると思われるのに利用していない学生が少なくないという。「昨年の入学生で色々と話をして気にかけている学生がいます。話から推測すると給付型を受けられると思い勧めてみたのですが、日本学生支援機構の募集要項を見た親から、これだけの提出書類を準備することはできないと断られてあきらめたと言われました」と残念そうに話してくれた。

2020年4月に新設された待望の給付型奨学金の制度だが、まだ情報が社会に浸透しているとは言えない。日本学生支援機構では様々な媒体でPRに努めているが、学校現場では、情報の浸透度以上に中請手続きの複雑さが利用の際の壁になっているという印象が強い。中請自体は生徒がパソコンと郵送で行うことになっているが、書類作業に慣れている教職員でも読みこなすのが難しい量の説明があり、教員が個々の生徒に付きっきりで中請手続きを行っている高校が多い。また、提出すべき書類の数は、経済的に不安定で時間的にも余裕のない働き方をしている保護者には、それに挑む気持ちさえ失わせてしまうと筆者も思う。大切な国費を一個人に振り分けるものなので、公平性のためにも慎重な審査が必要とは思うが、収入が少なく多方面で厳しい生活をしている人たちに、もっと配慮ある制度であっても良いのではないだろうか。

吉田さんの勤務校でも日本学生支援機構の奨学金を借りて進学している学生は多い。奨学金を借りている学生以上に保護者にわかっていてほしいことがあると彼は言う。「入学した年のことだけ考えて、2年目以降のことを考えない家庭があります。2年目にも授業料などまとまった金額の費用を決められた時期に支払わなければならないことを忘れてしまうようなのです」

日本学生支援機構のものを始め奨学金は毎月決まった金額が銀行口座に振り込まれる形

がほとんどだが、毎月学生生活をしつつ、次年度の授業料を捻出するには計画的なお金の使い方が必須である。しかし、そのような計画を行ったことがない学生、家庭がある。

今春、ある高校教員からこんな話も聞いた。その高校の卒業生が給付型奨学金を利用して大学進学した。給付型では、学生本人が入学金等を支払った後で、その学生の家庭の経済状況に応じて入学金等の一部に充てるべく数十万円の入金がある。そのまとまった金額がうれしくて、親子で分けて衣服や食費に使ってしまったというのだ。元々経済的に厳しいからこそ利用できた奨学金であり、本来であれば40〜50万円となる後期分授業料に充てるべき金額だ。しかし、先々を考えず、その時に持った金銭をその時に使いたい用途に使う習慣を持っている家庭もある。

進学するのであれば、修了年数を考えたしっかりとしたマネープランが必要になる。それができずに、結局、中退してしまう学生もいる。そうなれば、細かい手続きをしてせっかく利用できるようになった奨学金も借金となるだけだ。

最後に、日本学生支援機構の現行の奨学金制度についてどう思うかを吉田さんに聞いてみた。先に述べたように、専門学校で学ぶ分野によっては、専門性を活かした就職ができないケースも大いに考えられる。現行の同機構の奨学金等では、そのような分野の専門学校も奨学金の対象にしている。吉田さんは、「私は中学生の子どもがいますので、親としてはどのような分野でも奨学金が借りられるのはありがたいです。ですが、専門学校の実情を知っている身としては、夢を売る分野、趣味の延長のような分野も奨学金の対象とするのは少し考えるべきかなと」と、慎重に本音を語ってくれた。

さらには、「看護には独自の奨学金制度があるのですが、理学療法・作業療法にはそのような奨学金制度がないのです。これからも絶対に必要とされる職業なのに」と嘆いた。

奨学金の対象については、筆者も吉田さんと全く同じ意見である。学問や芸術の分野ごとに価値の上下はないことは十分に理解している。しかしながら、日本学生支援機構では、過去の利用者の返済金が資金のメインではあるが、死亡等による返済免除金や未回収の返済金の補填分に国庫補助金、機構の運営費に運営費交付金を充てることが認められている。

一方、同機構の奨学金の利用者数は1990年代後半から急増している。少子化の影響はあるものの、一方で、国が高等教育への進学に注力する政策を取っているため、今後、利用者数は横ばいか増加を想定している。機構自体も安定した経営にするべく、独自の債券発行も始めている。

このような状況を考えると、利用者が卒業後、十分に収入が得られず返済ができない場合には本人が苦境に陥るだけでなく国費の無駄遣いになってしまう。しかも、先に見たように将来安定した収入を得ることが難しい分野・系統に進む傾向があるのは、もともと経済的に厳しい家庭に育った若者たちと考えられる。

ある時点での学力の高低に拘わらず、どのような人間にも自己の能力を伸ばす教育を受ける機会は平等にあってほしいし、将来への投資として金銭的援助を政策として十分に打ち出してほしいと筆者は切に思う。だが、高等教育に行く際の奨学金は必ずしも、彼らの人生に経済的安定をもたらすと考えられない事実は、もっと社会に広く知られるべきだ。それは、次章で述べる大学進学に関しても同様に言えることである。

第7章　大学進学の問題点

最近、日本社会の大学への関心の持ち方に疑問を感じることがある。

大手新聞社系週刊誌が有名大学合格者数を報じるのは以前からだが、テレビのクイズ番組でも有名大学の在学生及び卒業生が出演し、高い学歴は芸能人になる一つの要素となったかのようだ。インターネット上でも、有名大学在学生・卒業生の学習系ユーチューバーが活躍し、そこで語られる学習方法や受験テクニックは、有名大学を目指す若者にとっては無条件に信じられるものと受け止められている。

このような状況を見ると、マスコミやSNSの投稿が受験偏差値の高い大学の価値を煽っているようにも見える。そこに入学できる学生の多くは、「親ガチャ」で「あたり」だった者であること、入学後や卒業後に何を学び、どんな活動をしているか等には関心を示さず、有名大学に入ったことだけで優れた人間、人生の成功者であるかのように取り上げている。

このような風潮もあるのか、日本ではほぼ毎年、大学進学率が過去最高を更新している。第1章で見た通り、学力が中位~低位層の高校生が大学進学率の向上に寄与しているのだ。しかし、これも先述したが、学力層によって進学する大学の差は歴然とある。

ここからは、特に、学力低位層の高校生の大学進学が、彼らの将来に本当に有益となるのかを考えてみる。学力の低い高校に進学する生徒は様々な困難を抱えている場合が多いが、彼らが選ぶ大学進学は、彼らの困難を解消し、貧困の連鎖を断ち切る進路選択になり得ているのだろうか。この点を、彼らが進学する可能性の高い大学で長年勤務する教員の証言も含めて、探ってみたい。

日本の大学の現況とランク付け

文部科学省の2021年の学校基本調査によれば、日本の大学数803の内、国立大学が86、公立大学が98、私立大学が619となっている。短期大学は総数が315で、国立は0、公立が14、私立301である。この他、高等専門学校が57（内、国立51、公立3、私立3）、専修学校専門課程が2754（内、国立8、公立183、私立2563）存在し、これら全てが高等教育機関と称されている。

ここでは、大学に関してさらに見てみたい。同年の大学院生も含む大学在籍者数は各年次を合わせて291万7998人で国立大学が59万7450人、公立が16万4338人、私立大学が216万1110人である。日本では、大学数・在籍者数ともに圧倒的に私立大学が高い割合を占めている。ちなみに、学校数では約77％、在籍者数では約74％の割合になる。

次に大学数と志願者数、国立・公立・私立別の定員数も見てみよう。文部科学省は2019年12月に「大学入試のあり方に関する検討会議」を設け、2021年7月に提言を公表している。この会に使用された「大学入学者選抜関連基礎資料集」には非常に大量のデータが記載されている。詳細は同資料に譲るが、それを利用して1998年、2008年、2018年と2020年の大学数・在学者数・定員数などを表したのが表17である。

これを見ると、この22年間で、国立大学の学校数は近隣地域内での統合により微減し、加えて、在学者数、定員数も減少している。反面、公立大学は全体に増加している。これは、特に地方で、学生募集に苦しむ私立大学と地域から高等教育機関が消えるのを防ぎたい自治体の思惑が一致し、私立大学の公立化が進められたことによる。この間の経緯については教育学者の小川洋氏の著作に詳しい。

一方、私立大学は大幅に拡大した。もともと、私立大学の定員数は大きかったが、少子化が進む中、1998年から2020年では約9万8000人の増加になっている。

入学定員数				志願者数
総数	国立	公立	私立	
515,735	102,526	19,813	393,396	790,423
570,250	95,956	25,462	448,832	670,371
616,697	95,650	32,717	488,330	679,040
618,870	95,528	31,946	491,396	664,591

増加の背景には、保護者・生徒の大学進学意欲の高まりがあるとするが、その意欲は高校生や保護者による冷静な判断から生まれたものではなく、マスコミ報道や保護者の感情などに大きく影響されていると筆者は感じる。さらには、小さな政府を是として、あらゆる分野において民間でできることを民間に行わせ、教育にも国費をなるべく掛けないという政府の姿勢が、国立大学の減少と私立大学の増加を推進したと考えられる。

これらの大学が受験偏差値の上から厳密にランク付けされている。ここで、現在、一般的に言われている国内の大学の

表17 大学数・在学者数・定員数・志願者数の推移

年度	大学数				在学者数			
	総数	国立	公立	私立	総数	国立	公立	私立
1998年	604	99	61	444	2,668,086	617,348	95,976	1,954,762
2008年	765	86	90	589	2,836,127	623,811	131,970	2,080,346
2018年	782	86	93	603	2,909,159	608,969	155,520	2,144,670
2020年	795	86	94	615	2,915,605	598,881	158,579	2,158,145

（文部科学省「学校基本調査」、「大学入学者選抜関連基礎資料集」より作成）

ランク付けに関して概観してみたい。

日本の大学入試は、従来の一般受験、2020年度からは一般選抜と呼ばれる受験方法で大きく二分される。従来のセンター試験、現在の共通テストの受験を必須とし、その後に各大学・学部等による個別テストを行う2段階の選抜を原則とし多数の受験科目が課される国公立大学と、3科目程度の受験科目が課される私立大学である。私立で共通テストを利用する入試もあるが、そこで課される科目数はやはり1〜3科目程度である。

国公立大学はその受験難易度の上位から東京大学・京都大学をトップに旧帝国大学の系譜を引く大学が続き、以下、全ての大学のランクが決められている。

私立大学は受験偏差値の上から「早慶上智」〈ICU〈国際基督教《キリスト》大学〉を含むこともある〉、続いて関東圏では「GMARCH」、関西圏では「関関同立」、さらに関東圏の「日東駒専」と関西圏の「産近甲龍」となり、次に「大東亜帝国」が続き、一番下には入試が選抜機能をほとんど果たしていない大学群がある。

実は、国公立・私立大学のどちらも一般選抜以外の受験方法が定着して既に久しい。国公立大学は今でも一般選抜での入学者が大多数だが、私立大学全体では総合型選抜（以前のAO入試）や学校推薦型選抜（以前の指定校推薦や一般推薦等）で入学する学生が半数を超えている。受験偏差値は入学する学生の一部に関係するだけなのだが、偏差値によるランク付けは根強く定着している。

入試が選抜機能を果たしていない大学とは、どのような大学なのだろうか。大学受験の関係者たちはこのような大学を「Fランク大学」や「名ばかり大学」等様々な名称で表しているが、最も知られているのは「BF大学」の呼称だろう。名付親である大手予備校のインターネットサイトでは、前年度の入試において不合格者が少なかったため、入試の際の合否可能性が50％に分かれるボーダーラインが引けなかった大学と説明している。

確かに、近年は、定員を充足していない大学が全大学数の半数近くに上っている。だが、これらの大学の中には、経営状況が厳しくとも、教育の質を保つために入試の選抜機能を手放さない学校も存在する。その一方、そうでない大学は、高等教育の学修が可能になるだけの基礎学力や能力、さらには学習意欲を持っていない学生が多数入学し、教職員がどれだけ努力をしても教育活動が功を奏さない状況になる。筆者は、このような大学を、高校と同様に「教育困難大学」と呼びたい。

「教育困難大学」の実態は

筆者も長年、「教育困難大学」で教壇に立っている。この自身の体験と同様の大学で教える知人たちの体験等を踏まえて、2016年秋から2018年にかけて「東洋経済オンライン」に「教育困難大学」シリーズを数回掲載した。それらの一部を紹介し、「教育困難大学」の実情を読者に感じてもらいたいと考える。以下、ゴシック体の文がインターネット記事の一部である。

最初に、学生はどのような経緯で大学に進学してくるのかを略述する。

義務教育段階で学力が低く、成績も悪かった彼らは、「教育困難校」で学力的には同質の集団で再スタートを切ることになる。騒がしい授業でも休まず出席し、課題や試験をこなすと成績優良者になれる。すると、彼らは一気に自信をつけ大学進学を目指すようになる。しかし、進学校の生徒との交流もないので、授業難易度の違いには気づかない。また、全国模試も受けず、予備校にも行かないので、自分の学力を相対化することができない。（中略）

一方で、本来持っている能力が高く、大学に行って「教育困難校」卒業の学歴をロンダリングしたほうがよいと思われる生徒もいる。このような生徒は、なぜか自分に自信がなく、大学に行こうとしない。そこで、「大学は高校より自由で楽しい」「好きな勉強ができる」「将来の就職のためにも行ったほうがよい」と言った定番の甘言で、大学進学に向かわせようとするのも教員のもう1つの仕事だ。

「教育困難大学」に進学する学生は、学力が低い高校の卒業生が多いが、そこでは大学進学も教員主導で行われる。第1章で見た通り、彼らは一般選抜（当時は一般受験）ではなく、総合型選抜（同AO入試）や学校推薦型選抜（同指定校推薦他）を選ぶ。どちらの選抜でも面接が課されるが、その際の姿を見て、不安を感じる大学教員は少なくない。

「教育困難大学」で入試の面接を担当したことがある大学教員であれば、面接の際に空をにらんで指導されたとおりの文言を必死に思い出しながら質問に答えようとする受験生に接したことがあるだろう。このような生徒は、「君が今言ったことは志望理由書に書いてあったよね。それ以外に大学に入りたい理由を話してみて」などと面接担当者が質問を変えると、何も答えられなくなってしまう。

もともと、コミュニケーション能力に自信がない者も多く、高校で指導された内容、提出された書類の内容から話が一歩も出られない。困惑している受験生を助けたいと思い、「今日は、どんな気持ちでこの会場に来た？」などといった質問をしてもかえって黙りこくってしまう。

これは、単に受験の緊張からではない。そもそも、何事にも主体的に取り組む経験と意識に乏しく、自分の進路でさえも、主体的に決めたものではなく、熱い思いなどないからだ。彼らは、一応「まじめな大学生」にはなれる。しかし、長い学校生活の中で培われた従順さから脱し、自分で考え、決め、動ける主体的な人間になるのは相当難しいことだと思う。このような学生が多く存在する「教育困難大学」では、まず、彼らが学ぶ活動の中心に「自分」を据える意識改革が必要だろう。

しかし、主体的な学びの姿勢を身に付けることはなかなか難しい。

学生が主体的に考え、動ける力を育成するため、大学で「アクティブラーニング」を導入する動きが盛んになっている。実践する大学も増えているが、教員が教育内容にさまざまな工夫を凝らし、活発な活動を引き出そうとしても、その流れに乗れない学生は少なくない。特に（中略）「教育困難大学」では顕著だ。彼らは、授業の場には必ずいるのだが、アイデアを出したり、人の意見を理解して、そこから新しい考えを生み出したりすることができない。

このタイプの学生たちは、どんな形態の授業でも、一応まじめに参加する。座席が指定されていない場合には、目立たないと考える後方の席を取ろうとする学生たちとは異なり、比較的前のほうの座席に座る。授業中に居眠りをしたり、スマホをいじることもなく、真剣に授業に取り組んでいるように見える。

しかし、試験を行うと、まじめな彼らは意外にも点数が取れないことが明らかになる。また、２０００字程度のレポートを課しても（中略）どこかのサイトをコピペした、総花的でとても内容の薄いものになる。

原因は、その学生の生来の性格や、能力にあることも否定できない。だが、大学進学までの学校生活で、そのような態度に仕込まれてしまったという面も多分にある。

このような学生たちが大学を卒業する時点で、成長しているのだろうか。この問いに対する一つの答えを筆者は実際に聞いたことがある。

(前略)あるとき、首都圏の中小企業経営者から、真顔で「就職試験をやると、高卒生と大卒生の得点がほとんど変わらない。場合によると、高卒生のほうが高得点のこともある。大学生は4年間かけて何を勉強しているのですか?」と聞かれたことがあった。

この企業はこれまで高卒生中心に採用していたが、近年、大卒生にも求人をかけるようになった。当然、いわゆる有名大学生の応募は少なく、会社側も地元の中小規模の大学生にターゲットを絞っている。その採用活動の中で発せられた質問だが、同様の思いを抱いている企業人は少なくないだろう。

この企業人の言葉は、第4章の商工会員の話と共鳴しあう。どちらからも大学4年間で学力の不足部分をカバーできていない状況が多いことが確認できる。

「教育困難大学」で学ぶ学生のほぼ全員が、心の底では半信半疑ながらも、一般的に言われている大卒になれば就職に有利になるという言説を信じて大学進学してきたと言っても間違いないだろう。彼らの選択は、本当に正しいのだろうか。

「学力の高い大学→有名企業に就職」の法則は根強く存在する

2021年12月、就職活動を行う大学生がある企業から受信したメールが問題になった。発端となったメールは、12月6日、学生の就職活動を支援する企業である「マイナビ」の新卒紹介事務局が、同社の一定のサービスを利用する設定をした登録者に送信したものである。内容はインターンシップの紹介であったが、そのタイトルに「〈第1〉大東亜以下⑨」とあったことから、同社が就職活動の初期段階から「学歴フィルター」をかけているのでないかとの指摘があったのだ。同社はその後、該当のメールは確認ミスであったこと、学生のカテゴリー分けは管理上のもので学歴・大学名による有利不利はないとのコメントを出している。

発信元が釈明をしようとも、問題となったメールは学生を先に挙げた大学のランク付けに従って大別していることを物語ってもいる。

採用する企業側に立てば、内定者を決めるための面接等には極めて時間と労力がかかる。あらゆる面でコスト削減と効率化が重視される昨今、「学歴フィルター」で、候補者を絞りたくなるのも当然かもしれない。実は、有名大学に進学できるのは、本人の資質だけが関係するわけではなく、非有名大学の学生でも潜在的な資質が豊かな人はいるのだが、それを見極める能力と意欲が、企業側に乏しいのかもしれない。

「学歴フィルター」の採用側のメリットはこの他に、同窓生に官僚や大企業社員など自社にとって有益となる立場にいる人が多い大学の卒業生を採用したいという、昔ながらの実利面も考えられる。また、知名度が高い大学の卒業生を採用することが、その会社のステータスに結びつくと考える企業もあるだろう。

このように「学歴フィルター」は採用する企業にとってメリットではあるが、就職活動をする大学生の公平性を保つために原則論では禁止されている。だが、これがあろうとなかろうと、大学生の就職活動の際に、学力の高い有名大学が有利であるのは、日本社会では古くからの事実である。学問的関心を極めたいという思いを持つごく一部の者を除いて、多くの大学進学者たちは、この事実を信じるからこそ、より学力の高い有名大学を目指して頑張るのだろう。日本では、大学は就職への架け橋の役割が非常に強い。

最近では、経済誌などの一般誌でも大学の特集は毎年の定番になりつつある。例えば、2021年7月10日の「週刊ダイヤモンド」では「入試・就職・序列　大学」という特集が設けられている。この号では、「〝狙い目〟と〝お得さ〟が激変！」とか「偏差値が高くないのに就職先がいい！お得大学ランキング101校」といった表現が表紙面で目立ち、経済に関心のある人を引き付けようとの工夫が見られる。最も注目すべきなのは、「偏差値が高くないのに就職先がいい！」という文言だ。これは、「偏差値が高い大学は就職が良い」という一般的な認識があることを裏付ける証拠でもある。

また、科学雑誌の「Newton」も2021年5月号は「大学ランキング」の特集だった。同誌らしく理工系大学の「科学研究費助成事業」による研究資金獲得額や特許収入額、いわゆる産学連携による企業からの研究資金額、医師試験等の合格率に並び有名企業就職率ランキングも掲載されている。これらのランキングにおいて、偏差値の高い国公立・私立大学が上位を占めているのは言うまでもない。

1960年代後半、ソニーの創始者である盛田昭夫が『学歴無用論』を著したのを皮切りに、その後、企業が学歴や大学の知名度に拘わらず、その人の持つ能力で採用しようという動きがあった。今でも少数ながら、その姿勢で採用を続ける企業もあるが、日本経済自体のエネルギーが減少している中、伝統的な大手企業を中心に「学歴フィルター」は揺るぎないように見える。あるいは、能力主義の採用をすると、学力が高い有名大学の学生だけが残るという経験知があるのかもしれない。

有名大学の就職面での有利性等を論じる評論家やマスコミ、教育業界関係者は多数存在するし、筆者にはこの点を論じる意欲はない。ただし、第1章で見たように、学力低位校からの大学進学者で有名大学に入学できる者は極めて稀であることは再確認しておきたい。彼らは、「学歴フィルター」で排除されてしまう存在なのである。

インターネット上には、様々な就職活動サイトが存在し、その中には大学ランクで下位に位置する大学に通う学生を対象としたものもある。そのようなサイトの一つでは、該当する学生に対して以下のようなアドバイスがなされている。まず、活動の前提として、大企業や有名企業に採用されづらいことを承知することとある。そして、高望みをしない、資格を取る、とにかく沢山の選考を受けまくる等のアドバイスが明記されている。同サイトには運営する企業他のＰＲも相当含まれているが、同社が関わり高い就職実績を挙げている具体的な大学名も公開されているので、内容の信憑性《しんぴょうせい》は高いと思われるし、実際に大学生の多くが、これらのサイトを利用している。

該当する大学側が隠したがる情報や経験に基づいた率直な助言が明記されている姿勢は評価すべきだ。このような情報が入手できなければ、該当する大学の学生の就職活動は一層難しいものになるだろう。

第8章 「教育困難大学」の実相——長く教えて思うこと

「教育困難大学」の実情や問題点を十分に論じたとは言い難いが、本書はそこへの進学が将来の生活の安定に結びつくのかを考えるのが主眼である。その手がかりとして、このような大学に勤務している大学教員を取材した。

取材に応じてくれたのは60代男性、古川さん（仮名）である。彼は、大学院卒業後、数校の大学で非常勤講師として働いた後、１９９０年代初めから現勤務校であるB大学に常勤教員として採用された。B大学は幼稚園、高校他を展開していた関東地方の私立学校法人が母体で、１９６０年代後半に社会科学系の単科大学として発足した。その後の変遷を経て、現在は2学部、在学生数約２０００人の小規模大学である。

キャンパスは主要鉄道の駅から約2キロメートル離れた住宅街にある。母体となった学校法人の活動も周辺地域に限定していたので全国的な知名度が低いため、学生募集に苦しむ年が多かった。90年代以降は、AO入試など多様な入試方法を取り入れ、また、学費の軽減措置を手厚く行って多数の留学生を受け入れる等の努力で大学の存続を図ってきた。一方、学生や教職員の不祥事が少ないこと、慎重な経営方針を取って来たこと、時々の大学改革の方向性を忠実に実現してきたこと等もあり、高等教育の質を評価する大学評議委員会の認証評価に合格して正会員になっている。

1990年代にB大学で専任教員となった古川さんは、このような大学の変遷を渦中で体験してきた方だ。専門分野の授業の他に、新入生対象の、いわゆる「初年次教育」やゼミも30年近く担当してきた。大学教員には学生の教育面にあまり関わりたがらない人も多いが、古川さんは真面目で誠実な人柄から、学生指導にも熱心である。また、B大学での勤務の他に、複数の国立大学の非常勤講師も長く兼務しており、大学間の学生の学力差についても熟知している。

1990年代は学生の変化が大きかった時代

取材の最初に、長い勤務期間中の学生の変質に関して聞いた。彼は過去を振り返るかのように少し時間を置いてから、「そうですねえ。ここで働き始めた90年代前半から半ばの頃の学生が最も活気があったような気がします。こちらが若かったせいもあるのでしょうが、良きにつけ悪しきにつけ意欲がありましたね」と応えてくれた。「今の学生は、大人しいのですが、だからって真面目なわけではない。何事にも興味を失っているのか、縮こまっている気がします」と学生の気質についての感想を語った。

学力面を聞くと、「基本的にはあまり変わらない気がするのですが」と言った。その上で、「この学校に勤務した最初の年、ある授業でいかにもヤンキー風の学生に言われたことを覚えています。『先生、おれら勉強、できないからさ。そこんところわかってもらって、適当にやってよ』と言われたんです。驚きましたよ」と失笑しながら話してくれた。

この話は、1990年代の大学改革で新たに大学に進学するようになった高卒生の一部の姿を如実に表している。この頃、学力上位層が集まる大学での「学力低下」が社会的に関心を集めたが、もともと学力が低い層が進学する大学では、学費が調達できて保護者が子に大学進学させたい高卒生が新しい入試方法を使って入学するようになったのだ。

しかし、ある時期、学生の学力が以前よりも大幅にアップしたそうだ。古川さんはその時のゼミ記録を今でも保存しているが、それは1996年前後に4年生となった学生のものだ。「この時は学生の学力や能力が高く、大学側は急遽《きゅうきょ》、学生のレベルに合わせた授業を教員に要請してきました。私も卒業研究に関わりましたが、インターネットも今ほど普及していないこともあって、きちんとした文献資料を読んで、しっかり考察できる学生がいて驚きました」と古川さんは語る。

文部科学省の調査によれば、18歳人口がピークとなったのは1992年である。この頃は大学進学への意欲も向上していたが、大学や学部の増設は早計にはできない。そのため大学受験が最も厳しかった時期である。従来であれば、一般受験でもっと偏差値の高い大学に合格する層の受験生が、B大学に入学してきたのだ。古川さんの体験は、大学に関する全国的な動きにまさに合致している。古川さんを始め当時の大学教員を驚かせた学生の学力差は、出身高校の学力差が反映したものと考えられる。

古川さん所有の当時の記録から、学生の出身地は関東地方に留まらず、東日本の広範囲に及んでいることがわかる。バブル崩壊の影響がまだ日本社会に深く及んではおらず、実家を離れて大学生活をさせる経済的余力がある家庭に生まれた学生が多かったことが推測できる。

2000年代に新たな層が大学進学し始めた

古川さんは、この時期の学生の卒業論文を保管していたので見せてもらった。それらからは、この時期の学生には資料の読解力や学術的な文章の書き方など学修の基礎力が身に付いているとわかった。バブル経済崩壊の影響が大卒求人に出ている時期だったが、B大学としては就職状況も良好で、当時、花形だった大手建設業や金融業等に複数人が入社している。

「あの時は、この学生のレベルが続いてくれればと思いました。ですが、あっと言う間に元の学生レベルに戻りました」と、古川さんは残念そうに語った。

その後、有名大学の定員増や学部増設、それなりの知名度のある短大の4年制大学化などが続き、一時期B大学に入学した学力層の高卒生はそちらに動いていく。さらに、経済不況が長引き、地方からB大学に入学する学生は減り、必然的に大学周辺地域の高校から志願者を掘り起こそうとすることになった。このような動きはB大学だけに起こったことではなく、各地にある知名度も入試偏差値も高くない大学で同様に見られたことだ。

2000年代前半は、志願者を少しでも増やしたい大学が高校への広報活動である高校訪問を盛んに行った時期である。古川さんも関東地方で度々高校訪問を行った。その際に、高校側の大学を見る視線の冷酷さに気づいたという。「大学の方針で、いわゆる進学校も訪問しました。こちらは大学の特色等を説明するのですが、気のない表情で一応話を聞いてくれるものの、最後は『うちからはおたくの大学を志願する生徒はいないので』と言われました。受験の偏差値できっちりと固定化した大学ランキングの一角を崩すのは、大学側が一生懸命努力しても難しいと感じました」と、当時を振り返る。

高校訪問にはさほどの効果がないと判断されたのか、しばらくすると高校生や保護者等が直接大学に来校するオープンキャンパスに力を入れるようになる。この際に来校した高校生や保護者の姿を見て、古川さんは新たな変化を感じたと言う。

「自分が教え始めた頃は、学生も広範囲に来ていたので、日本の各地方に支部会があり、教員は出張で参加しました。その時に会った親御さんたちと、オープンキャンパスに来る親御さんとはずいぶん違ったのです。服装や持ち物、大学教職員に対する態度、言葉遣い等々、とにかくラフな印象なのです。来校する高校生もとても大人しいのですが、何を勉強したいのか、何に興味があるのかなどを尋ねても何も答えてくれないのです」

古川さんの嘆きはまだ続く。「オープンキャンパスでは個別相談コーナーを設けるので、そこの担当になることもあります。そこで出る質問は、毎年『勉強が苦手なのだが、大学に入って大丈夫か』『この大学を出ると就職は大丈夫か』『お金がないが大丈夫か』といった質問ばかりです」

さらに、「この頃から入学式や卒業式に来る保護者の様子も変わりました。式典という、いわばハレの日に着てくるとは到底思えない普段着のような軽装でやってくるようになったのです。また、式典に乳飲み子や幼児を連れてくる保護者も増えました。それまでは、大学生にそんな幼い弟や妹がいるとは考えてもみませんでした。実際にはいたのかもしれませんが、式典には連れてこないという暗黙の了解があったかもしれませんね。とにかく、保護者の変化に驚かされました」と言葉を続ける。

古川さんが驚いた保護者の姿は、筆者のように「教育困難校」に通じている者には見慣れた姿である。式典などに対する常識が社会全体で変わっていることの影響もあるだろうが、彼の気づいた変化は、B大学進学者の家庭環境が、従来の進学者の家庭環境と異なってきたことに一因があるだろう。

1990年代は学力に重きを置かない新しい入試方法の導入で、学費が払える家庭で保護者や本人がどうしても大学進学をしたいと考えた層が大学進学した。最初の授業で古川さんを驚かせた学生の姿が、この時期の大学進学者を象徴している。

２０００年以降は新しい入試法が定着し、進学先を選ばなければ誰でも大学進学ができることが高校教員や高校生に周知されてきた。この頃は、バブル崩壊とその後の経済低迷の影響で、高卒生の求人が減少し、就職活動が非常に厳しかった時代である。そこで、将来の就職に多少なりとも有利になるのではないかと期待して、家計が厳しくても大学進学を目指す高校生が増加したのである。オープンキャンパスで学費のことを必死に尋ねる保護者、近くに預ける親戚や知人等がいないし、お金を払って一時預かりを依頼するのも勿体《もったい》ないと思い、大人でも集中するのが難しいような長時間の式典に幼児を連れてくる保護者は、「教育困難校」の多くの保護者の姿でもある。

１９９０年代からの新しい大学進学者はどちらのタイプでも学力のことはさほど気にしていないことに注意するべきだ。ほとんどの保護者が大学を出ていないので、大学への憧れはあるものの、大学のシステムや学修について知らない。入学すれば、高校までのように大学が何とかしてくれるだろうと思っている。送り出す高校側も、進学先の大学は生徒募集に苦しんでいるので、どのような生徒でも入学させてくれると知っているし、入った後のことは高校側の責任ではないと考えている。

典型的な学生の気質は「余計なことはしない」と「まっ、いっか」

第1章で見た通り、「学力上位校」の大学進学率はこれ以前から100%近くあり、入試方法の変更などがあっても進学率はさほど変わらない。この間、進学率を向上させて来たのは、先のような思惑で大学に進学することになった者たちだ。

大学進学率が50%以上になると、大学はエリート教育の場から変質し、「ユニバーサル化」するというのが、アメリカの社会学者マーチン・トロウの論である。日本では、過年度生を含む大学・短大の進学率が2005年に50%を超えた。古川さんが大学にいて感じた変化は、まさに「ユニバーサル化」がもたらした現象なのだ。

先のような学生が集まる大学の教員は、学生対応で困ることも多いはずだ。大学教員は子どもの頃から勉強が好き、得意で、「進学校」に進み、有名大学・大学院と学んできた人が大部分だ。取材した古川さんも出身地の「学力上位校」トップ校を卒業し、国立大学大学院まで進んでいる。安定した大学の職を得て、研究に励みながら後進の指導をしたいと夢見て来ただろうに、現実には就職を有利にするためだけの目的で大学に来ている学力の高くない学生に教えることになる。さらに、少なくなったとはいえ、いわゆる「ヤンキー」型の学生も存在する。大学教員が自分の理想を高く持っていればいるほど、学力が高い学生が集まる大学とは違う苦しみが膨らむ。

古川さんにその辺を聞くと、「教員の中には学生の指導をあきらめているような人も見受けられます。以前は授業中の私語が、少し前からはスマホをずっと見ている学生が多いのですが、それらを全く注意しない教員がかなり多いです。私は細かく注意するのですが、注意しない教員が多いため、一向に効果が表れません」と答えてくれた。

彼は国立大学でも長年非常勤で授業を担当しており、同時代の学生間に学力や気質の面で大きな差があることを実感し、B大学の学生の現状に危機感を覚えるようになった。そこで、知り合いの高校教員に「教育困難校」や私立通信制高校等の様子を聞いたり、数種類の高校の教科書や参考書を購入するなどして、入学してくる学生の理解にも努めている。

古川さんに学生の様子をさらに聞いてみた。すると、古川さんは、2010年代に大学改革推進担当だった際に、大学上層部に提出した資料を見せてくれた。そこには、彼が気づいたB大学学生の問題点が箇条書きに簡潔にまとめてあった。10年前のものではあるが、現在に通じる指摘がされているので、その一部を紹介してみる。

①大学に入った理由

まず、学生が大学に入る理由は、「就職に有利だから」と「皆が行くから」がほとんどである。勉強は嫌いだが、必要な単位はとって最短で卒業したいと考えている。

②「余計なこと」はなるべくしない

入学時から「単位が取れるぎりぎりの成績でよい」と考えて、学生生活にエネルギーを注がない者が少なくない。お金がもらえるアルバイトには一生懸命で、アルバイトのために授業を休むのは当たり前。彼らには授業は「余計なこと」であり、出席時数も授業のために割く労力も単位が取れる最小にしたいと考えている。学期終わりが近くなると「これまで何回休んでいますか」とか「あと何回休めますか」と聞いてくる。大学では学生カードを使った出席管理システムを利用しており、学生がインターネット上の個人ページで確認できることになっているが、それは「余計なこと」なのでしない。

③話を聴くことは嫌い

人の話を聴くこと、特に少し長い話を聴くことが苦手。授業中に飽きると、一方的に意識のスイッチをオフにして、スマホをいじるか寝るかのどちらかを始める。

④書くことは嫌い

授業中のノート記入は長く続かない。最初から全く書く気がなく、ノートや筆記用具、パソコンやタブレットを持参しない者もいる。また、スマホで黒板の写真を撮って済ます者もいる。手を動かすことで記憶が定かになり、また考えることもできるようになると言っても、そうなりたいと思っていないのでやらない。

⑤学力を伸ばそうとしない

決定的に知識不足。これまでの学校でやったことだけでなく、身の回りの基本的知識が足りない。特に、自然科学系に関しては、小学校低学年レベルと思われる者も多い。動物や植物、自然地形などに接する機会がなかったのか、興味も持っていない。また、表現力にも欠ける。言葉を組み合わせて文の形にすることが苦手。授業中に質問すると、即座に「わかりません」と言って考えようとしない。そのような学生に根気強くヒントを与えながら回答を求めると、単語だけで答える。

そもそも、自分で考えようとしないことが根本にある。資料を読解させようとしても、最後まで丁寧に読もうとしない。資料から読み取った内容やそこから導いた自身の意見を書くようなワークシートを使用しても、ほとんど手つかずの学生もいる。

学力を伸ばすことをあきらめているのか、単位さえ取れれば成績評価は低くていいという態度のため、米国の方法を真似《まね》て導入した新たな成績評価値であるGPA値(Grade Point Average)も全く気にしていない。

⑥社会や他人は気にしない

これだけ情報が溢れている時代なのに、社会で話題になっている大きな事件や問題について知らない。新聞やテレビニュースには関心がないし、出来事を知るのはネットで十分と考えている。

他者への気遣いが全くできない学生がいる。自分と友人、知り合い以外はまるで空気と思っているようで、キャンパスで会っても挨拶しない。狭いエレベーターの中で授業を履修している学生と一緒になっても会釈や目礼も期待できない。運動部学生は部活動の顧問職員や先輩には、遠くから見かけただけでも大声で挨拶し、深々とお辞儀をしている。しかし、それ以外の教員には全く行わない。

挨拶は社会人のコミュニケーションとして大事と言われており、キャリア教育の授業でもやっているはずだが、それはあくまで授業であり、自分の行動には反映されない。もっとも、教員の中にも同様の人もいる。

⑦「ま、いっか」で通す

約束やマナーを守らないし、自己の行動に責任を取ろうとしない。大事な面談や提出物の期限の日時を守らない。その際に、謝罪や理由説明もせず、教職員が連絡しても応答なし。その約束の相手に迷惑をかけていることを全く気にしない。

⑧学生は「お客様」と思っている

大学をサービス業としか見ていない。学費を払っているのだから、「お客様」扱いされて当然と思っている。そのため、学生の側に落ち度があっても、教職員が学生の思うように対応しないと「キレる」。さすがに教職員に手を出すことは少ないが、年に数回、廊下の壁や備品を蹴る、消火器を噴射させる等の器物破損が起こる。

学生の「お客様体質」を一番表しているのが匿名で書く授業アンケートである。

古川さんの言葉は辛辣だが、内容に賛同する大学教職員は現時点でも多いだろう。もちろん、学生と教員の世代間ギャップや社会の変化が原因と考えられる点もある。それでも、古川さんら大学教員を苦しめる学生の言動は、そのまま出身高校、つまり学力低位層の高校での日常の延長線上にあるものと筆者には思える。大学に進んでも、高校までに形成された根本の気質は全く変わっていないことが改めて確認される。

学生気質は何があっても変わらない

この資料は10年ほど前のものであり、その後、第2章で述べた通り、各地の高校内外で学力向上の試みが行われている。それらにより、学生の態度や気質が少しずつ改善されていることを期待したいところだ。しかし、2022年時点でも同大学で教えている古川さんは、先に挙げた学生の気質はほとんど変わらないと感じている。

この間、小学校や中学校の学習指導要領が変わり、主体的な学習や「協働学習」など学び方の姿勢自体の育成を目指す教育が実施されているはずだ。また、大学も「学士力」や「社会人基礎力」「グローバル人材に必要な資質」の育成が課題とされ、「アクティブ・ラーニング」や「FD教育」「反転教育」「ハイブリッド教育」等々、様々な変革を行ってきたはずだ。B大学の学生にそれらの効果が表れているのか、尋ねてみた。

古川さんは、苦笑しながら「小中学校でそのようなことが行われているのは知っていますが、学生は相変わらずですね。20〜30人が受講する授業中に、発問して『誰か意見を言ってみて』と投げかけても、皆、うつむくばかりです。また、次の授業までにやってくる課題を出しても、やってこない学生が少なくありません。主体的な学習の習慣が身に付いていたのに、大学生になって消えてしまったのでしょうか」と話した。

２０２０年度からは新型コロナウイルスの影響で、大学の授業や大学生活自体が大きく変わっている。それについて尋ねると、「２０２０年度はオンライン授業がメインになりましたが、オンライン授業は学ぶ意欲の低い学生にとっては『楽勝』のようです。私は毎回30分程度の授業ビデオを流したのですが、最後に簡単な課題を設け、締め切りまでに回答を返信させるようにしました。すると、公開から10分も経たない内に回答を送信してくる学生が複数いました。録画した映画等を早送りや飛ばし見で見る人がいますが、学生にとっては授業もそれと同じで、全部見なくてよいものなのでしょう。しかも、30分かかるものを10分程度で返信したら、真面目に見ていないことが教員にわかるとも考えないのです。残念ながらオンラインであろうと対面であろうと、学ぶ意欲がないとダメですね」と嘆いた。

オンライン授業に関しては筆者も同様の感想を持つ。オンライン授業には、学生が好きな時に動画や音声付きスライドを見られるオンデマンド形式と、授業時間にＷｅｂ会議方式で行う同時双方型形式、両者の複合形式の実施方法があり、筆者は全ての形式を実際に行った。その上で、オンライン授業には学生から個別の質問をしやすい、動画やスライドを繰り返し見ることができる等のメリットがあるが、このメリットを活かすためには、学生の学習意欲が対面授業以上に必要となることがわかった。

学習意欲に乏しい学生にとっては、自分の都合の良い時間帯に見られるオンデマンド形式が最も望ましいようで、同時双方向型で実施した学期の学生アンケートには、「自分の都合が良い時に見られるオンデマンド形式にしてほしい」という回答が毎回数名はいた。そうは書かないまでも、彼らが視聴した時間の記録では、真夜中から深夜にかけて見ている学生が目立つ。本来、大学の授業がある時間帯にはアルバイトや趣味を優先しているのだろう。大学での学修は、彼らが考える優先順位ではかなり低いことが、オンライン授業の取り組みからも推察できる。

大規模大学の定員厳格化の影響は限定的

近年、大学と大学進学希望者に大きな影響を及ぼした政策転換があった。それは大都市圏の大規模大学に地方から進学し、卒業後も出身地に戻らないケースが多く、これが地方の衰退を招いているとの考えから、大都市圏の大規模大学の入学者数への規制を強化するというものである。具体的には大都市圏の大規模大学は2015年までは定員の1・2倍未満まで許されたが、2018年には1・1倍未満とし、それ以上の入学者があると国からの私学助成金が打ち切られるのである。

0・1倍の差は大きく、この政策は受験生の合否状況を大きく塗り替えた。従来であれば、合格できた大学が不合格となった受験生は、ところてん突きで押し出されるように偏差値の下の大学に入学することになった。経済状況が良い時であれば、浪人して来年再チャレンジする方法もあるだろうが、その余裕がなく、まして次年度からの日本学生支援機構の奨学金受給が決まっているような生徒は浪人すればその権利を放棄することになる。

一方、偏差値が下の大学には、これまでとは異なる学力や学習習慣を持った学生が入学した。この現象は大都市圏で発生し、筆者が教えている大学でも非常に顕著であった。このような学生の中には、入学当初から「不本意入学」であることを露《あら》わにし、周囲の学生を見下すような態度を取る者もいた。一応、在学しながら他大学の受験を準備する「仮面浪人」も多かった。授業にも必ずしも積極的ではないが、授業中の発問の答えや課題の出来具合等を見てみると、実力の差は歴然だった。このような学生は出身高校内では決してトップレベルではない。それでも、思考力、読解力、表現力などは他の学生と比べると格段に高く、彼らからは高校までの学習体験の蓄積が感じられた。

おそらく、1990年代半ばに古川さんが体験した学生の変化は、この時、筆者が感じたものに近いのだろう。どちらも、政策の方向転換が生み出した学生の変化であり、それは長くは続かない。大都市圏では、混乱の数年のデータが受験産業界により分析され、再び合否状況は落ち着いたものとなっている。また、古川さんの所属するB大学では、今回の政策の影響はほとんど受けていない。上から押し出された学生の受け皿になるには、大都市圏からの距離が遠すぎたと考えられる。

現在、都市部の大規模大学の定員厳格化は緩和方向に動いている。地方からの若者流出を防ぐ、地方の活性化を図る目的は、この数年で達成したと国は判断したのだろうか。

記憶に残る「心配な」学生たち

長い大学教員生活の中で、記憶に残る学生について聞いてみた。彼は「先ほど話した1990年代半ばの学生は良い思い出として残っています。それ以外は、記憶に残るのは、少し変わった学生、心配な学生が多いですね」と語り出した。

しばしば出会うのは、古川さんに非常に近寄ってくる学生だそうだ。最初の授業終了後から、授業内容の質問や関連する話をしにやって来るという。古川さんは温厚で穏やかな雰囲気なので、学生が話しかけやすいと思うが、それでも、毎回、質問に来る学生はそれほど多くはない。話しぶりも親しげで、学習意欲も高く感じられるので試験の得点も高いかと思いきや、試験では得点が低い。本人は「試験だと頭が真っ白になって全く思い出せないんですよね、なぜか」などと話して、悪びれたり困ったりした表情ではない。この学生は、恐らく、本人の持つ特性から成績が伸びず、それゆえにB大学に入学したのだと妙に納得するそうだ。

このような学生を何人も見ていると、彼らは友人が少なく、単独行動をしていることが多いことに気づいた。「記憶の残り方とか記憶の再生の仕方とかに、通常とは違う癖があるタイプの学生がいるのかなと思うようになりました。だいたい、教員と親しく話すなんて、青年期の若者はあまりやらないですよね。学生とはうまくコミュニケーションが取れなくて、その代替として教員に話しかけてくる学生がいるのでしょう」と古川さんは語る。

このタイプの学生は、第2章で述べた発達障害等の特性を持っている可能性があると推測できる。大学は、他の学生との同調性を高校までのように求めないので、特性を持った学生にはかなり居心地の良い場になると考えられる。一方、このような学生への支援は大学間で相当な差がある。B大学を含め、多くの大学でカウンセラーを中心とする相談室等を設けているが、そこでは、コミュニケーションやメンタル面の支援が主であり、学習面の支援まで行っている大学は多くない。何かしらの障がいがある学生が、大学での学修についていけずに中退することは残念ながらままあることだ。

筆者のいう「教育困難大学」の学生には、公立・私立の通信制高校出身者が少なからぬ割合で存在する。彼らは小中学校で不登校を経験しており、毎日登校する必要がない通信制高校を選んでいる。この種の高校でも年に数回のスクーリングは義務付けられており、私立の中には便宜上のクラス制を取る学校も多いが、人間関係の不得意さを高校時代に解消するには至っていない。

古川さんも「全く出席しなくて指導に苦労する学生も何人かいました」と語る。B大学のセールスポイントの一つが丁寧な指導でもあり、それに加えて真面目な古川さんの性格もあり、大学を休みがちな学生には家庭連絡を取り、日時を決めて家庭訪問をしている。

このようなケースの中で、特に忘れられないケースがある。全く出席しない学生の家庭を訪れた際、父親がこれまでの事情を古川さんに語ったそうだ。該当学生は農村部に住み、地元の小中学校では学業優秀だった。自分が関心あるものに集中すると、周囲の状況が見えなくなる言動もあったが、地域コミュニティーの中では「あの子はそういう子」と知られていたので、特に大きな問題はなかったという。

中学卒業後、近隣都市にある公立有名進学校に進む。第1章の分類では「学力上位校」のトップ校に属する高校だ。しかし、そこで彼は人間関係に悩み、不登校になる。心配した両親は彼を私立通信制高校に編入させる。元来、学力は高いので通信制高校の課題は楽にこなして卒業できた。そして、B大学に入学したのだが、一度も大学に通えていない。それでも、父親が「もともとは頭が良い子なのだから、どんな大学でもいいから何とか大学を卒業させたい」と苦渋の表情で話したという。訪問の際も、当事者の学生は一度も顔を見せず、その後、登校できないまま中退することになる。

古川さんは「子どもの様子を見ていれば、毎日通う大学生活が可能かどうかわかるはずです。それでも、大学に行かせたいというのは親の願望なのでしょう。ですが、本当にやるべきことは他にあるのではないかと思います。今の状況では大学は難しいと高校教員なり誰かが親に言わなかったのでしょうか。彼は今、どうしているのだろうと時々思います」と今でもこの学生を気に掛けている。

地域企業で頑張っている卒業生は相当数いる

先に挙げた古川さんの分析にあるように、B大学の学生のほとんどは、自らの就職を有利にするために大学進学をしている。そこで、同大学の就職状況について尋ねてみた。

B大学では言語によるコミュニケーション能力の育成に関する授業を初年次の必修科目として設け、2年次からはキャリア教育を本格的に始動する。

近年では、大学の中に企業風土を導入したいと考える政府の意向もあり、B大学も含め多くの大学では、キャリア教育の科目を企業での実務経験のある教員や人材育成を謳《うた》う企業の社員などが担当している。また、キャリアサポートやキャリアセンター等という名称で、学生の就職活動を支援する部署もキャンパス内に設けられている。

このような就職支援体制は、高校での就職活動に比べると充実しているように見える反面、生徒の日頃の行動や態度等をよく知る高校教員とは違い、就職活動面だけで接する教職員には学生の性格や気質に合った支援ができているのだろうかという疑問もある。

古川さんも大学教員の職務分担の中で就職委員会に属し、学生の就職活動に直接関わったことがある。また、地域活性化を目的とした学産連携事業の委員となり、地元企業や商工会等と協働した経験もある。このような立場にある時には、企業訪問をたびたび行ってきた。もちろん、求人依頼と開拓のためである。

Ｂ大学では、大学院に進学する学生は毎年数名程度で、約99％の学生が就職活動を行う。この内、10％ほどの学生は公務員希望であり、中でも体育会系部活動に所属していた学生は警察官や消防士を希望する傾向が強い。しかし、公務員試験の高い壁に阻まれ、民間企業就職に転じていく学生がほとんどである。

公表されている同大学の資料によれば、最終的には就職活動を続けた学生の90％以上が就職を実現していることになっている。しかしながら、「就職活動を続けた」という点に注目しなければならない。何度も繰り返される不採用結果に心が折れ、途中で活動を辞めてしまう学生はそこには含まれないのだ。彼らは、インターネット上の求人サイトから応募してアルバイトやパート、期間労働者として働くことを選ぶ。

Ｂ大学でも数年に一度、知名度の高い大企業に就職する学生がいる。その時期に大学の新築工事や大規模修繕工事に関わっている企業、創立以来関係性が深い金融企業、地元の成長企業などがその内定先となっている。これらの求人には、学生の成績や取得資格などを考慮して、優秀な学生をキャリア教職員が振り分けている。かつての東証一部・二部等に上場している企業に学生が就職すると、それを学内報や大学案内に掲載するのだが、これは逆にそのような企業に就職する生徒が少ないことの証拠だろう。

この大学の一般的な学生は就職先に決して高望みはしないと、古川さんは感じている。元々、自己肯定感が低いのでチャレンジすることを好まないし、就職活動の際に学歴フィルターが存在することも認識しているからだろう。従って、古川さん他の教職員が訪問する企業は、入学する学生の出身地を含め、大学所在地周辺の中小企業が中心となる。その中には「うちが大卒を採用するようになるとは思わなかった」と感慨深げに語る企業も過去にはあったそうだ。

教職員が訪問したり、大学内の企業説明会に参加する企業のほとんどは、高卒求人も多数出している企業である。そこで行う仕事の多くは製造や販売など高卒求人と同様だが、一部、営業や商品開発、企画など高卒求人にはないものも含まれている。さらに、給料は高卒よりも約4~5万円高い水準となっている。

古川さんが関わった学生では、地元地域の大手スーパーに就職、2つの店舗で働いた後に本社勤務となり商品開発の部署に配属された者、当初は地域限定の展開だったが、その後自社ブランドがヒットして事業拡大したホームセンターに就職した者、地元の事務機器メーカーに就職し、メンテナンス部門で管理職になった者などが記憶に残っているという。

このように、地域の企業で活躍し、自身の経済的自立もしっかり果たしていると考えられる卒業生がいる一方、入社した会社を自己都合で短期間に退職する者の噂も後を絶たないそうだ。ただし、このような卒業生は大学に連絡を入れるわけではないので、その後の状況は知り得ない。

古川さんが語る卒業後の姿は、B大学に限ったものではなく「教育困難大学」に共通するものであると推測できる。現に、同様の大学で教えている筆者には大いに共感できる。

奨学金利用と見合うだけの有益性はあるのか

繰り返しになるが、「教育困難大学」で学ぶ学生は、そこで学力を伸ばす努力をあまりしておらず、経済的に厳しいこともありアルバイト中心の生活を過ごしつつ、来るべき就職を目指す。就職先は地元の中小企業が中心で、高卒就職よりは仕事内容は少し広がり、給料も高卒や専門学校卒よりも高い大卒の水準で支払われる。初任給の額だけ見れば、大学進学は職場での経済面の優位性を生むようにも見える。

けれども、4年間の大学生活で約400万円の学費を投じており、さらに、多くの学生は日本学生支援機構などの返済義務のある奨学金を利用している。返済期間にもよるが、彼らは就職後には毎月数万の返済を行わなければならない。高卒と大卒の初任給の差は約

5万円であり、その中から返済すれば、手取り額は高卒の給料とはあまり変わらなくなる。

仮に奨学金という借金をしていない大卒生でも、高卒で就職した人の給料と比べて、4年間の学費分を相殺できるようになるには単純計算でも5年以上かかることになる。この間に、何かしらの理由で辞職したり、リストラされたりすれば、次の就職先で以前と同等かそれ以上の待遇で働けるケースは少数派だろう。労働力の流動化が進められている日本だが、それまでの仕事の経験を活かし、ステップアップする転職ができるのは本当に能力のある人に限られている。

こう考えると、高校で学力が低い層の大学進学は、現状では将来の経済的自立を約束するものには必ずしもなり得ていない。何よりも、大学生活で学力や能力を伸ばしづらいのがネックになっている。なぜ、学力や能力を大学生活で伸ばせないのか、この点は別の問題なので後に少し考えてみたい。

大学進学は本当に就職に有利になるのか、これに関する正確な情報が与えられないまま、高校を卒業する当事者や保護者は大学進学を選ぶ。その選択には、「今どき大学を出ていないと」という社会の同調圧力や大学への憧憬が背中を押していると考えられる。しかし、現実には、進学した大学による就職格差があり、進学する大学は進学した高校によりほぼ規定されている。

最後に、古川さんがこんな話をしてくれた。「先日、出張先で遅めのランチを取りにファミレスに入ったんですよ。結構すいていたからか、近くの席で、女性二人が声高に話していたんです。子どもの大学受験の話をしてたのですが、そのうち『誰でも入れるおばか大学っていうのがあるのよね』と言って、いくつかの大学名を挙げ始めたんです。その言い方に、ものすごく見下した感、流行りの言葉で言えばマウンティング感があったんです。遠い場所なのでうちの大学の名前は出なかったけれど、一般の人の見方はこんな感じなのだと改めて思い知らされました。色々な背景がある学生も、またそこで教育効果を上げようとしている教職員もかわいそうです」

大学だけでなくあらゆる分野で一定の基準でランキングを付け、その下位のものを見下し馬鹿にする風潮は、近年、日本では非常に強まっていると感じる。これは、ランキングで下位とされた者や組織・機関の自信を失わせるだけでなく、同じ分野内での分断を強める悪影響がある。加えて、自分で確かめることもなく、他者の評価を無批判で受け入れる姿勢に恐ろしさを感じる。

この風潮がなくならない限り、ひとたび、ランク下位に位置づけられた大学の学生や教職員がどれだけ努力しても、その成果を正しく判断してもらえないし、これらの大学での教育効果を向上させるための制度的支援や社会的支援も生まれないだろう。古川さんが取材の最初に語った「興味を失い、縮こまっている」学生の姿は、自分たちの社会からの見られ方を既に悟り、あきらめている姿なのかもしれない。

第9章　進路格差を解消するには

これまで、高校卒業後の進路選択、特に学力低位層の進路選択について見て来た。第3章以下では、就職や進学が、彼らのその後をどのように導くのか、それらの選択が彼らの将来を安定したものにし得るのかという難しい考察を試みようとした。

結果的には、いずれを選んでも、彼らが幼少期から背負って来た様々な面での不利さはさほど解消できず、次世代への貧困の連鎖を断ち切ることは難しいことが推測された。

この原因には2つの問題がある。第1に学力低位層の高校への進学を余儀なくされた者自身の学力やコミュニケーション能力等の問題があり、第2には、これまでの日本社会の諸制度、中でも労働に関する制度や子どもや若者に関する制度の問題がある。しかも、この両者は鶏と卵の関係のように、片方が片方の原因でもあり結果でもある。そのため、高校での進路格差を解消するためには、片方だけでなく両方の問題解決を図らなければならず、しかも、それは非常な難題となる。

その困難さを十分に承知した上で、2つの問題の解決についての私見を以下に述べてみたい。

義務教育の内容理解の徹底を

「いつの時代にも勉強ができない子どもはいた」とか「人間を含めどのような集団でも能力のある個体と能力のない個体が存在する」などという意見もある。人間の集団では、その個々の構成員の能力には個人差があり、生涯に行える労働など社会的活動の量や質には必ず差が生じるものだ。

しかし、それを踏まえた上で、少なくとも社会に出る機会やその際の条件をできるだけ平等にしようとするのが、近代以降の日本が目指してきた方向だと考える。

近代日本史の研究者である大門正克氏は『民衆の教育経験　農村と都市の子ども』の中で、この時代の義務教育である初等教育が担う2つの目的を挙げている。それは、学校で国家主義的な教育を行い、身体や言語・時間などの規律を身につけさせる国民化の訓育を子どもに受容させることと、読み書き能力や文化・文明との接触等多様な影響を受容させることであり、これらの実現のために義務教育体制の整備が進められたのだ。後者には、そこから個人の能力を伸ばし、社会に参加する機会や方法を拡大し、国力向上に益する意図もあったと考えられる。第2次世界大戦後に目指す方向は国家主義から民主主義に変わっても、義務教育が担う目的は基本的に変わらないだろう。

義務教育で学ぶ内容は、その時代に生きる人間が社会生活を送る際の基礎となるものを、教育の専門家が精選して定めたもののはずだ。高校や大学等への進学率が上がっても、義務教育の社会的な存在意義は変わらない。日本は今、義務教育の制度や質を考えてみるべき時期に来ているのではないだろうか。少子化に歯止めがかからない状況下、子どもが持っている素質を伸ばし、社会参加の際の武器にできるようにすることが、この社会にとって何よりも必要と筆者は考える。

第2章で詳述したが、学力低位層の高校に進学する生徒たちは、義務教育段階での勉強が何かしらの理由で理解できず、放置された者たちである。彼らの学力の遅れを軽減しようとする高校での試みも紹介したが、9年間に積み重なった理解できなかった内容を理解できるようにするには3年間はあまりに短い。結果的に、彼らは学力や能力が不十分のまま卒業後の進路を選ぶ。だが、就職であれ、高等教育への進学であれ、学力・能力不足は根強く残り、彼らが安定した将来を築くことへの大きな妨げになっている。

このような状況を見ると、何より義務教育の教育内容を全ての児童・生徒が一定水準まで理解できることを目指した体制を整備するのが急務なのではないだろうか。

これも第2章で触れたが、公立の義務教育段階の児童・生徒の学力を伸ばす試みは、学校の内外で20年以上前から行われ、発達障害の支援などに一定の成果を挙げてはいる。しかし、それらの支援の具体策は各自治体に任されており、全国的に十分に浸透しているとは言えない。さらに、学校内での支援に携わる人も1年更新の任期付き職員が多く、長期計画を策定して指導することが難しい。

そして、最も児童・生徒の様子をよく見られるはずの一般教員は校務が多忙すぎて、個々の生徒に合わせた個別指導を行ったり、必要に応じて他機関と連携を図るような時間的・精神的余裕がない。それどころか、多忙から教員自身が心身の健康を害し、犯罪や体罰などの問題行動を起こしたり、病休や休職、早期退職に追い込まれる事例が増加している。

このようなニュースが報じられることで教員志望者は減少し、教員採用試験の倍率の低下だけでなく、適性や資質に疑問を感じるような人物でも採用される現象が生じている。特に、経済的貧困の状況にある子どもは、塾や習い事にも行けず、また種々の支援に関する情報が入手できず、親以外に接する大人は公立学校教員だけという場合が多々ある。大人への成長の指針を彼らに示すためにも、教員の人間性や生き方、日々の振る舞い方は非常に重要である。だからこそ、相応しい人に教員になってほしいと願うのは筆者だけではないだろう。

義務教育の大胆な改革が何よりの急務

これらの問題点を解決するには、まず、公立の義務教育に人と資金を投じる改革を実行すべきだ。

1クラスの人数が少なければ個々の子どもに目が届きやすいのは、学校や塾での指導経験がある人ならば誰でも同意するだろう。クラス人数を減らすことも良策だが、それ以上に効果的と考えるのは1クラス2人以上の担任制だ。小学校では1人のクラス担任がほとんど全ての教科を教えていたが、教科指導の専門性を考慮して2025年度を目標に高学年で教科担任制を拡大する方向が示されている。残念ながら、これを行うのに必要な教員の加配が難しい自治体が多いため実現が進んでいないと指摘されている。筆者は教科担任制には賛成だが、特に小学校段階では給食や行事など教科外の指導も非常に重要と考える。教科指導に加え、それらの指導のためにも複数担任制は生徒と教員の双方にとって有効である。1クラスに複数の教員がいれば、人数をフレキシブルに分けたグループ活動も可能だし、学校に適応できない子どものケアをしやすくなる。学校教育のスタートとなる小学校で学校からドロップアウトしていく子どもを減らすことの意義は大きい。

このようにすれば、中学校教員の負担軽減も可能と予想できる。とはいえ、中学での学習は難易度もアップするし、高校受験が待ち構えているので学習指導体制の強化は図るべきだ。これも、各授業に複数の教科担任を置くことで改善が期待できる。学習指導専任教員を採用し、他の校務を行わず、放課後も生徒の指導にあたってもらう。これは退職教員の任用でまかなえるはずだ。教員には事務仕事などは苦手だが、生徒が好きで教科指導は得意という人が大勢いる。

近年は志望者自体が減っているので、教員数を増やすことは不可能という反論もあるだろう。しかし、教員になりたい人が減っている一番の原因は、長時間労働を強いられ責任も重いのに経済的にも社会的にも報われない「ブラック」のイメージが強いからだ。仕事内容の精選を進め、給料や労働条件も改善しつつ、一方で、教員数を増やせば「ブラック」のイメージは払拭されていく。本来、増員される教員は正規雇用が望ましいが、改革を進めていく期間は、指導力のある退職教員に数年単位の期間で現場復帰してもらう。生徒に対する指導力があるかどうかは、管理職や教育委員会でなく教員同士がよく知っている。定年後に残ってほしい人を教員の無記名投票で決める方法も考えられる。

貧困などの問題を抱えた児童・生徒への学校外の支援が拡大していることは非常に歓迎すべきことだ。しかし、体系だった学習指導は、指導経験の蓄積とノウハウがある教員が最も適任である。学習支援は学校で、心身の健康と成長のための物資や体験面での支援は外部団体等でという支援の大枠を定めてはどうか。費用がかかる塾に行かなければ、学校の授業で分からなかったことのフォローができない昨今の状況が続けば、家庭の経済力と子どもの学力の相関関係を変えることはできない。

上記のような公立義務教育改革を国主導で行うことが貧困の連鎖を絶つために非常に有効だと考える。経済的貧困家庭の子どもは公立学校で義務教育を受けており、そこへの支援は将来を見据えた貧困対策である。国が様々な改革案を提唱しても、自治体の経済力や教育への熱意により、現状では地域間に大きな格差を生んでいる。義務教育に関しては、国がアイデアも資金も平等に出すという原則が望ましいのではないだろうか。

義務教育の改革を行っても、各地の高校に偏差値による序列があることは当面は変わらない。しかし、各高校で教える内容は大きく変わると予想される。「小学校からの学び直し」を謳う高校はなくなり、後期中等教育という本来の高校教育が実施できるようになる。そうなれば、学力低位校に配置していた学習支援員は必要がなくなる。

現在、高校教育自体も大変革期にある。文部科学省は、将来の職業生活を意識させるように、全国の高校生の7割以上が在籍する普通科の教育の見直しを決めている。既に、各地に地域の問題解決を考える高校等があるが、これからの日本で必要な分野、例えば、新たなエネルギー、食料生産、自然環境保全、ＩＴ技術、教育、介護、医療・保健などに必要な人材育成に特化した高校を創る試みを期待したい。このような高校の卒業生が高卒で就職するにせよ、より専門的な学修のために進学するにせよ、将来の生活設計がしっかりと成り立つことがわかれば、偏差値の上下だけで高校を選ばない中学生が出現するだろう。上述の分野の中には、日本の将来のために不可欠であるのに、現時点では労働環境や雇用条件が良くない分野もあるが、その改善もこの社会全体の課題でもある。

高等教育機関は厳しい時代を覚悟するべき

そして、高等教育機関も変わらざるを得ない。ただでさえ、遠からぬうちに大きな転換期を迎えることが予想されている。2018年2月の中央教育審議会大学分科会将来構想部会第13回の資料2には、2040年までの大学進学者数等の将来構想が掲載されている。ここでは、2018年以降は18歳人口の減少に伴い、大学進学率は上昇しても大学進学者数は減少局面に突入すると推測している。

2021年7月23日の日本経済新聞の報道では、「大学入試のあり方に関する検討会議」の資料から、2024年4月には大学定員数が約63万9000人、大学志願者数が約61万9000人（志願率58・4%で計算）となると予想している。つまり、大学全入時代がすぐそこまで迫っているのだ。

実は、大学全入時代への懸念は2007年頃から示されている。以前の文部科学省の試算では2007年には入学志願者数と大学定員数が同規模になるとされていたのだ。しかし、この時期は廃校に追い込まれた大学・短大が数校はでたが、大学進学意欲の向上や、積極的なPR活動や独自奨学金を設ける等の大学側の努力により、表面的には全入時代の到来には至らなかった。ただし、半数近くの大学が定員割れ状態と言われて既に久しい年月が経っている。

これ以降、日本学生支援機構の奨学金も含め奨学金という事実上の借金制度はますます拡大していく。日本社会全体では経済低迷が続き、雇用の流動化、熾烈な競争原理の浸透が進む。そして、高等教育を卒業してもリストラや心身の病気他が理由で安定した収入を得られず奨学金返済ができなくなるケースが多発し、「ブラック奨学金」が問題視された。

一方で、経済的理由で進学できないという声も数多く上がった。それらに対処するべく、日本学生支援機構の奨学金は一層拡大され、2020年4月には、対象者を所得税非課税世帯及びそれに準ずる世帯とする条件はあるが、返済義務のない給付型奨学金制度が新設された。また、返済義務を伴う第一種・第二種の奨学金の受給枠も拡大する方向にある。

進学したい人が誰でも進学できる社会になることは素晴らしいことで、本来はそうあるべきだ。しかし、現実の高校や大学を知る筆者は疑問を禁じ得ない。

まず、進学を目指す者に高等教育に適応できる学力や能力が十分に備わっているかという点である。批判を承知で言うならば、進学したいと言うことは容易《たやす》いが、客観的に見て、そこでの学修が可能かという視点が抜けているのではないか。

国公立大学の学費は1970年代半ばまでは私立大学の約5分の1と非常に安かったが、その時点でも経済的に厳しい家庭の学生に対しての授業料減免制度が各大学で設けられており、現在も継続されている。私立大学でも大学全入が最初に心配された2000年代後半頃から入試の成績優良者に入学金や授業料を免除するなどの独自の奨学金制度を整えていた。さらに、入学後も成績や習得した資格により授業料を減免したり報奨金を出したりする制度も存在する。大学・短大に比較すると少ないが、同様の制度を持つ専門学校も増加している。学力や能力は高いが経済的に厳しい家庭の高校生たちは、これらの制度を利用して進学希望を実現している。

問題は、上記の制度の利用には入試や成績のハードルが厳密にあるため、経済的に厳しい家庭が多い学力低位層の高校生が利用できないことだ。そのために、奨学金の拡大を求める声が湧《わ》き起こったことは理解できる。

だが、現状では義務教育段階からほとんど能力が伸ばされないまま高校を卒業する生徒たちが進学できる高等教育機関は限られている。選択する専門分野もその時の自分の嗜好を重視し、社会情勢やその職業の将来性等はさほど考慮されていない。そして、進学先でも必ずしも彼らの能力が伸ばされているわけではない状況を既に見てきた。

これは高等教育側だけを責めるわけにはいかない。あたかも弱い基礎の上に高い家屋を立てるが如《ごと》く無理な話なのだ。現在、受給者の拡大が検討されている日本学生支援機構の奨学金制度や一部の政治家が唱える高等教育の無償化は、この無理な建築に資金を投入することになる。

さらに言うと、高卒で就職する高校生には奨学金のような公的資金は投じられておらず、非常に不公平でもある。

奨学金の中でも、応募資格に高校時代の成績基準があるものは、高校で真面目に学ぼうという意欲にもつながり、高校生活へのプラス面も大きい。だが、基準のない奨学金制度は再考すべきだ。また、第6章で専門学校関係者自身が語っているように、「夢を追う」タイプの分野への公的な奨学金制度も再考すべきだろう。

あえて深読みすれば、現在の奨学金制度は一部の高等教育機関の延命を図っていると見ることもできる。少子化に加えコロナ禍の悪影響は、もともと経済的に厳しい世帯に著しく表れているので、高等教育への志願者が文部科学省の予想以上に減少する可能性もある。そこに、奨学金制度の見直しか縮小が行われれば、相当数の大学や専門学校が経営破綻に陥り、相当数の解雇者が出ることになるだろう。筆者自身も該当する可能性もあるのだが、その危機感が高等教育機関での教育の質の向上を生む起爆剤になることも期待したい。奨学金を借りて捻出した学費なのに、それを支払う学生を金づるとしか見ない学校は淘汰《とうた》されてほしい。そこに私学助成金等が支払われているのであればなおさらだ。

現在、そしてこれから高等教育の支援に充てられる資金を義務教育に投じれば、全国民に公平な国費の使い方になることを再度強調しておきたい。

就職の制度や慣習にも大胆な改革を

もう1つの問題点は社会の制度面だ。中でも特に高卒の就職に関わる制度や慣習が問題になる。第3、4章で述べた通り、今は高卒就職者の学力や能力、働く姿勢は就職先となる企業からあまり信頼されていない。仕事で求められるものが備わっていないので労働が辛く、早期で退職して転職を繰り返し、何年たっても専門的なスキルを身に付けられない若者がいる。いくら、政治家が再チャレンジ可能な社会の実現を提唱しても、現実には再チャレンジするほど労働条件が悪くなるケースが多々ある。

この一連の流れは、義務教育の改革を進めて高校入学時には一定水準以上の基礎学力を個々の生徒が持ち、高校で将来を見据えた職業教育を受けることができれば、幾分かは改善されるだろう。

それと同時に行うべきは、高卒生を始めとした若年層の就職制度や慣習を見直すことだ。例えば、第3章で見た、就職支援教員の「一人一社制」への疑問には耳を傾けるべきである。僅か2か月足らずで志望企業を決めなければならない現行の制度が、生徒と企業とのミスマッチを増幅させていることに疑問の余地はない。就職活動が高校生活を妨げないようにとの配慮も必要だが、一方、大学生の場合には就職活動が大学生活をかなり妨げているのが現実だ。高校生は未成年だから守られるべきという理由も、2022年4月から成人年齢は18歳となって通用しなくなる。

実は、若者の早期離職率の高さは、高卒就職者だけに留まらない。厚生労働省は2021年10月に新規学卒就職者の就職後3年以内の離職状況を発表している。これによれば、3年以内離職率は高卒で36・9％、短大等卒で41・4％、大卒で31・2％となっている。専門学校が短大等に含まれるかは記されていないが、いずれにせよ相当高い割合である。

さらに、この発表では事業所規模毎《ごと》の離職率も発表しているが、事業所規模1000人以上の離職率は高卒で25・6％、大卒で24・7％であるのに対し、規模が小さくなるにつれて離職率は高くなる。高卒就職では求人数、就職先のどちらも従業員数100人未満の事業所が多いことは第3章で述べたが、同章の表8にある通り、中でも従業員数29人以下の事業所からの求人が例年最多となっている。この規模の離職率は52・8%、また最小の事業所規模である5人未満では離職率が61・9%となっている。ちなみに、大卒は29人以下が49・4%、5人未満が56・3%である。

同省の統計では各学歴ともに3年以内離職率は2000年代前半をピークに減少してはいるものの30%台を下回ることはほぼない。

この取りまとめには離職理由は明らかにされていないが、高い離職率にはいくつかの原因が考えられる。

まず、日本の学校教育ではキャリア教育をあまり重視していない点がある。近年では、公立中学で数日程度の職場体験を実施する自治体が多くなった。高校では、就職希望者が多い学校でインターンシップを実施している。誰しも将来、仕事に就くのだから、本来なら全高校で実施すべきであるのに、進学校や私立の中学・高校ではほとんど実施していない。生徒にアルバイト経験があっても、高校生が行うアルバイトは多種多様な仕事の中でごく限られた種類しかない。

このように仕事や職業についてほとんど知らない若者が新卒一括採用の流れに乗ること

を強いられる点が、高い離職率の最大の原因だろう。中途採用・経験者採用が増加しているとはいえ、新卒一括採用が主流との思いは非常に根深い。この風潮に流され、自分の能力に適した仕事や自分が壊れない職場環境をじっくり選ぶことができない若者は気の毒でもある。かつての日本では正社員には終身雇用制が存在したので、仕事が自分に向いていなくても雇用と収入が保証されたが、今はそのどちらの保証も危うい。人生100年時代と言われ、日本人の寿命は長くなったのに、なぜそれほど急ぐのか。

実は、厚生労働省も新卒採用の変革を目指し、2010年以降は3年以内既卒者を新卒枠で応募受付するよう企業に求めてもいる。

複雑化する社会で労働者としてのスキルを更新するための「リカレント教育」を進めようとする国の動きもあるが、それよりもまず、若年層がスムーズに労働市場に参加できるような工夫が必要だと筆者は考える。

そのために例えば以下のようなシステムはどうだろうか。

それぞれの最終学校を卒業後3年間は働くことの修業期間として、いくつかの仕事を行う期間とする。インターンシップのように準備されたものではなく、実際に働くことにより仕事内容やそこで求められる能力がわかり、自分に適した仕事や職場を選ぶことが可能になると思う。この間の給料はどの職場でどのような仕事を行っても全て同じ時給で計算され、仕事を変える際の収入のデメリットを排除する。社会人となった意識を高めるためにも社会保障費は若者自身が払うことにし、それが可能な時給を設定する。いくつかの仕事を経験した上で、自分が働きたい仕事・職場を見つけられた者は、雇用主の合意を得られれば、そこに正社員として就職する。

この3年間で働きたい仕事や職場が見つからなくても、労働に関する体験や知識は十分に得られ、自分に足りない能力やこれから習得したい技能などがわかるはずだ。そこから、改めて大学や専門学校、公的機関が運営する職業教育機関などで学べばよい。その際の学費に、働いた期間の給料を充てることも可能だろう。

日本の労働力の流動性を高めるべきとの論が盛んだが、そこには企業が使える人を選び、その時必要としない人を切り捨てるという意図が見え隠れする。労働力の流動性は、高い能力がある一部の人だけでなく、全ての人が職業や仕事を選べるという目的でも語られるべきだ。若者が労働市場に参加する際の流動性も考えられてしかるべきだろう。先の試案では、企業側にとっては若年労働力の確保が遅れるというデメリットもあるが、いくつかの仕事を経て視野を広げた若年層が採用できることにもなり、また、どうしても欲しいと思った人材には特別の条件で自社への入社を促せばよい。さらに、定年年齢を延長すれば、政府が提唱する70歳まで働く社会に近づくというメリットもある。

中小企業を支援しなければ、貧困の連鎖は断ち切れない

労働を考える際に、もう一つ大きな問題がある。それは、大企業と中小企業の賃金格差、労働条件の格差だ。高卒就職者、学力低位層の高等教育進学者では地元の中小企業への就職者が多いという特徴が認められた。これは、ごく一部の例外を除いて、大企業と比較して悪い条件で働くことを意味するものでもある。しかも、高卒就職者の保護者も中小企業の非正規労働者という家庭も多々ある。中小企業と大企業の格差が無くならない限り、今後も貧困の連鎖は続くと残念ながら予想される。

中小企業庁の調査結果等によれば、2016年時点で、日本では全企業数の99・7%、従業員数の68・8%を中小企業が占めている。さらに、賃金格差に関しては、2018年1月19日に記されたリクルートワークス研究所のインターネット記事「企業規模間の賃金格差、古くて新しい課題」が端的に示している。これによれば、従業員1000人以上の企業の賃金を100とすると、100〜999人では81・5、99人以下では72・6であり、

この格差は年齢が上がるにつれて拡大すること、格差は国際的にも大きい方であることが指摘されている。

先に、新卒者の3年以内離職率が事業所規模別に異なることを挙げたが、全年齢層の労働者の離職率も見てみたい。厚生労働省の「雇用動向調査」を分析したASHIATO produced by enのサイト記事「離職率の平均は？　新卒と中途、大企業とベンチャーで違いはある？」によれば、2020年度の企業規模別平均離職率は、従業員1000人以上で14・0％、300〜999人で13・3％、100〜299人で17・4％、30〜99人で14・7％、5〜29人で13・6％とされている。この年は、コロナ禍の初年度で、労働者に雇用維持の意向が強かったからか、「雇用動向調査」を見ると、どの規模においても前年度より離職率は下がったが、100〜299人、30〜99人の規模の離職率が高いことがわかる。そこで、前年の2019年度を見ると、100〜299人では21・1％、30〜99人では16・6％と、一層高い割合になっている。このことから、中小企業の労働力の流動性が高い傾向を認めても良いだろう。

本人が真に希望した離職であれば良いが、その他の理由が原因の場合も少なくないと想像できる。離職者がスムーズに次の職場を見つけられない際には、彼らが時代のニーズに合った知識やスキルを身につけるための再教育、いわゆる「リカレント教育」が必要となる。従来から同教育は行われているが、時代の需要に合った内容ではないとの批判もある。

日本企業の競争力は1992年には世界1位であったが、その後下落し、近年は34位になっている。競争力を高めるためにも中小企業の賃金等労働条件を改善すべきという論は各方面からも出ている。その一方、賃金を上げれば倒産か、従業員解雇しかないという経営者側の悲鳴も聞く。さらに、経営の厳しい中小企業への保護政策を見直すべきとの意見も出ている。このように、現在、中小企業の状況は混沌としているが、中小企業が置かれた状況が貧困の連鎖を維持させていることは事実であり、これは学校など教育機関がいくら頑張っても解決できない問題である。

この章に書いた私案は、夢想に近いほど実現が難しいことは重々承知している。しかし、国民の間にあらゆる面で格差が広がり、それが階層による分断にまで進みつつある今、本当に格差を解消し、貧困の連鎖を経つ意思があるのか、国民一人一人が試されているのではないだろうか。

おわりに

筆者に本書の執筆を促した一冊の本がある。それは、2017年に翻訳が出版された、ハーバード大学教授ロバート・D・パットナム氏の『われらの子ども　米国における機会格差の拡大』だ。1959年に地元の高校を卒業した同氏の同級生たちへのインタビューを起点に、その子ども世代、孫世代までの丁寧な取材と詳細な学術的考察が合体された本であり、400頁近い大著でありながら、筆者は最後まで感嘆しながら読んだ。

内容の紹介は省略するが、何よりも、渦中にある人の語るストーリーが興味深かった。そこで語られる様々な人間像が、筆者が知る、今の日本に実在する人に似ている点に驚いた。さらに、様々な格差が拡大し、「アメリカン・ドリーム」が過去のものになっているアメリカ社会への同氏の強い危機感も印象的だった。

翻って、日本の現状を考えると、アメリカ同様に様々な面での格差が拡大し階層も固定化しつつある。社会学研究者を筆頭に、現状に関する優れた学術研究は進んでいるが、分断が進む社会に対する危機感は社会全体で共有されていない。この状況への焦りが、本書執筆の裏にある。

本書では、この本を参照しつつ、渦中にある人のストーリーを大切にしたいと考えた。取材要請を快諾して頂きながら、新型コロナウイルス感染状況や紙幅の関係で取材できなかった方々にこの場を借りてお詫びをしたい。また、取材の際に、筆者の予想以上に率直に語ってくれた取材協力者の方々にも心から感謝したい。

取材を通して、関係する方々が「このままではいけない」との共通した思いを強く持っていることがわかった。異なる場面で高校生や高卒生に接する方々が、同じ思いを持つに至ることの意義は大きい。この思いを、少しでも広く社会に伝える役割を果たすことができたら筆者にとって甚だ幸甚である。

さらに、執筆の過程で筆者が強く感じたことがある。それは、公立学校の存在意義である。特に、厳しい経済的貧困状態にある子どもたちは、義務教育でも高校でも公立学校を選ぶのが一般的だ。しかし、その公立学校は、国の教育政策によって厳しい状況に追い込まれている。筆者自身も公立学校の苦境について度々触れてきたが、最近では大阪大学教授の志水宏吉氏が、その著書で公立校の問題を精力的に発言している。

苦境に立つ公立校の姿は、2022年1月に、元福岡県立高校長M氏から筆者の元に届いたメールからも推測できる。その一部を紹介したい。

「福岡県でも私立の授業料無償化以降、公立高校での定員確保が大変になってきた。（中略）（私立高校の）進学最重視の『特別進学クラス』は学校が費用を負担して予備校講師を招いて補習を行い、トップ生徒を予備校に通わせたりしており、それ以外の生徒は私立大学や専門学校の指定校を割り当てて進学先を確保している現状である。（中略）私立高校が授業料無償化を利用して生徒を集め、その生徒たちを私立大学や専門学校に流し込む構図が見えるような気がする。

『福岡県教育便覧』のデータで推測する限りでは、進路変更者は私立の方が公立よりも少なくとも1・5倍ほど多いのだが、中学校では『公立より私立の方が、面倒見が良い』という評判が主流になっている」

保護者の所得制限は設けられているものの、2010年に「高等学校等就学支援金制度」が始められ、該当世帯では私立高校授業料の一部援助、国公立高校の授業料は実質無償化になっていた。2020年4月からは、従来の制度が大きく変わり、こちらも所得制限は残っているが、授業料相当分のほぼ全額が支援されることになった。このような政策は、教育費の家計負担を軽減し、少子化を抑制する目的で実施されたものだ。だが、それが戦略と広報能力に長《た》けた私立校に追い風となり、経済的に厳しい生徒が進む公立高校にとって今後一層の逆風になると推測される。生徒が集まらなければ、該当の公立高校の予算は削られ、教育環境は当然悪くなるのだ。

本論でも繰り返し述べたが、貧困の連鎖を断ち切るためには、様々な貧困状況にある子どもが在籍する学校への支援が何より必要だ。このような考えを、この国の教育行政を行う人々は持っていないのかとの疑問を禁じ得ない。

教育行政に関して、再度、M氏のメールの一部を紹介したい。

「『教育困難校』の生徒支援については、その地域の教育行政の『本気度』が最重要であると思います。（中略）

教育行政の中心にいる方々も、『教育困難校』をどうするのかよりも、もっと関心のある（重要と感じている）ことがあるようです。そのため、そういう方々は、このような高校の実態を表面的にしか捉えていないと感じます。例えば、管理職人事についても『教育困難校』を担当するのは、私のような現場から昇任した管理職が多く、教育委員会事務局経験者（指導主事等経験者）は、通常、中堅の高校からスタートして、県内のトップ校の管理職を務めるケースが多いように感じます。このあたりに、教育行政の『本気度』や関心のありようを感じてしまいます」

筆者は管理職を目指さずに公立高校教員を退職したので、管理職間の序列等を直接は知らないが、元同僚からは、M氏のメールと同様の慣習を度々聞く。学力が低い層への支援を求める声が大きくならないのが、教育行政に関わる人の関心の在り方に原因があるとすれば由々しき問題である。

本書の執筆は2022年1月から始めたが、新型コロナウイルスへの恐怖を常に意識しながら、それに加えて、ロシアによるウクライナ侵攻、激変する国際情勢、急激に進む円安、元総理襲撃事件などの大きな出来事に驚きながらの作業となった。この間、強く思い知らされたのは人々の命、動植物の命、培ってきた産業や文化等を一瞬にして奪う戦争の残酷さと、一旦、始められた戦争を終結することの難しさだ。改めて、戦争をしない日本が存続し続けること、そして、若者たちが、「経済的徴兵制」と称されるような、貧困ゆえに自ら志願して戦場に赴く時代が来ないことを切望している。

今回も、既刊同様、朝日新聞出版書籍編集部の大﨑俊明氏にお世話になった。生来の粗《そ》忽《こつ》者である筆者は、毎回、編集者を始め書籍作成に関わってくれた方々に大きなご迷惑を掛けているが、それに懲りず、執筆の機会を与えてくれたことに深く感謝する。

「格差と出自の研究　親ガチャは人生を縛るのか」2022年２月
『リメディアル教育研究第11巻第１号』
「特集：大学教育実践を通じた高大接続システムの課題と展望」
2016年３月

2021年８月
志水宏吉・山田哲也編
『学力格差是正策の国際比較』岩波書店、2015年４月
竹内　洋・佐藤　優
『大学の問題　問題の大学』時事通信出版局、2019年10月
橘木俊詔
『子ども格差の経済学　「塾、習い事」に行ける子・行けない子』東洋経済新報社、2017年６月
塚原修一
「専門学校の新たな展開と役割」『日本労働研究雑誌　№542』、2005年８月
西牧謙吾監修、松浦俊弥編著
『チームで育む病気の子ども　新しい病弱教育の理論と実践』北樹出版、2017年10月
ロバート・D・パットナム、柴内康文訳
『われらの子ども　米国における機会格差の拡大』創元社、2017年３月
メアリー・C・ブリントン、玄田有史解説・池村千秋訳
『失われた場を探して　ロストジェネレーションの社会学』NTT出版、2008年11月
松岡亮二
『教育格差――階層・地域・学歴』ちくま新書、2019年７月
山上浩二郎
『検証大学　改革　混迷の先を診る』岩波書店、2013年５月
吉見俊哉
『大学は何処へ　未来への設計』岩波新書、2021年４月
『週刊ダイヤモンド第109巻27号』
「〝狙い目〟と〝お得さ〟が激変！　入試・就職・序列　大学」2021年７月10日
『Newton第41巻第６号』
「大学ランキング」2021年５月
『中央公論第136巻第３号』

社会的役割―」 2022年３月
国立大学法人東京大学
「高等教育機関への進学時の家計負担に関する調査研究」報告書 2014年３月
株式会社リベルタス・コンサルティング
「専修学校生の学生生活等に関する調査研究」調査報告書　2015年３月
朝比奈なを
『高大接続の〝現実〟〝学力の交差点〟からのメッセージ』学事出版、2010年11月
『ルポ　教育困難校』朝日新書、2019年７月
大門正克
『シリーズ日本近代からの問い③　民衆の教育経験　農村と都市の子ども』青木書店、2000年５月
小川　洋
『地方大学再生　生き残る大学の条件』朝日新書、2019年３月
苅谷剛彦
『学校・職業・選抜の社会学　高卒就職の日本的メカニズム』東京大学出版会、1991年６月
吉川　徹
『学歴と格差・不平等　成熟する日本型学歴社会［増補版］』東京大学出版会、2019年５月
志田秀史
「専門学校における中途退学危険因子と学業定着施策の研究」法政大学博士論文　2017年３月
志田秀史・老田義人・勝原修吾
「就職型の専修学校専門課程における中途退学要因に関する調査研究―18校における５ヵ年調査からの４分野に関する考察―」
『職業教育学研究第51巻第１号』、2021年１月
志水宏吉
『学力格差を克服する』ちくま新書、2020年８月
『二極化する学校　公立校の「格差」に向き合う』亜紀書房、

おもな参考文献・資料

文部科学省

「学校基本調査」各年度

「通級による指導実施状況調査」各年度

「大学入試のあり方に関する検討会議」提言　2021年７月

「専修学校における生徒・学生支援等に関する基礎調査」調査研究報告書　2014年３月

「これからの専修学校教育の振興のあり方検討会議」（第９回）参考資料集　2017年１月

「今後の専門学校における職業実践専門課程制度の充実に向けて（とりまとめ）」　2022年３月

中央教育審議会

「今後の学校におけるキャリア教育・職業教育の在り方について」答申　2011年１月

国立教育政策研究所

「高校生の高等教育進学動向に関する調査研究」第一次報告書　2021年12月

厚生労働省

「高校・中学新卒者のハローワーク求人に係る求人・求職・就職内定状況」各年度

「雇用動向調査」各年度

「新規学卒就職者の就職後３年以内の離職状況」　2021年10月

規制改革推進会議　雇用・人づくりワーキング・グループ

「高等学校就職問題検討会議ワーキングチーム報告」～高等学校卒業者の就職慣行の在り方等について～（令和２年２月10日とりまとめ・公表）の概要及び参考資料　2020年３月

独立行政法人日本学生支援機構

「日本学生支援機構について（令和元事業年度業務実績等）」　2020年９月

日本私立大学協会附置私学高等教育研究所

「私立大学ファクトブック2022―エビデンスから見た私立大学の

朝比奈なを　あさひな・なを
東京都出身。筑波大学大学院教育研究科修了。公立高校の地歴・公民科教諭として約20年間勤務し、教科指導、進路指導、高大接続を研究テーマとする。早期退職後、大学非常勤講師、公立教育センターでの教育相談、高校生・保護者対象の講演等幅広い教育活動に従事。『内外教育』(時事通信社)、『月刊高校教育』(学事出版)他で連載を担当。おもな著書に『ルポ 教育困難校』『教員という仕事』(ともに朝日新書)『置き去りにされた高校生たち』(学事出版)などがある。

朝日新書
887
進路格差《しんろかくさ》
〈つまずく生徒〉の困難と支援に向き合う

2022年11月30日 第1刷発行

著者　朝比奈なを

発行者　三宮博信
カバーデザイン　アンスガー・フォルマー　田嶋佳子
印刷所　凸版印刷株式会社
発行所　朝日新聞出版
〒104-8011　東京都中央区築地5-3-2
電話　03-5541-8832(編集)
　　　03-5540-7793(販売)

Published in Japan by Asahi Shimbun Publications Inc.
ISBN 978-4-02-295197-7
定価はカバーに表示してあります。

落丁・乱丁の場合は弊社業務部(電話03-5540-7800)へご連絡ください。
送料弊社負担にてお取り替えいたします。

江戸500藩全解剖
関ヶ原の戦いから徳川幕府、そして廃藩置県まで

河合　敦

加賀藩・前田利常は「バカ殿」を演じて改易を逃れた。井伊直弼の彦根藩は鳥羽・伏見の戦い直前に新政府側に。黒田藩は偽札の出来が悪くて廃藩となる。藩の成り立ちから廃藩置県までを網羅。「日本最強の藩はどこだ！　実力格付けランキング」も収録。

ペアレントクラシー
「親格差時代」の衝撃

志水宏吉

日本は「ペアレントクラシー（親の影響力が強い社会）」になりつつある。家庭の経済力と子どもの学力の相関関係が年々高まっているのだ。生徒、保護者、学校、教育行政の現状と課題を照射し教育公正の実現に求められる策を提言する。

大江戸の娯楽裏事情
庶民も大奥も大興奮！

安藤優一郎

「宵越しのゼニなんぞ持っちゃいられない！」。飲む打つ買う、笑って踊って、「億万長者」が二日に一人！　大興奮。祭り、富くじ、芝居に吉原、御開帳——。男も女も大興奮。江戸経済を牽引した、今よりもっとすごかった「お楽しみ」の舞台裏。貴重な図版も多数掲載。

自民党の魔力
権力と執念のキメラ

蔵前勝久

自民党とは何か。その強さの理由はどこにあるのか。国会議員と地方議員の力関係はどうなっているのか。派閥、公認、推薦、後援会、業界団体、地元有力者はどう影響しているのか。「一強」の舞台裏を朝日新聞政治記者が証言をもとに追う。

ぼくらの戦争なんだぜ

高橋源一郎

教科書の戦争記述に国家の「声」を聞き、戦時下の太宰治が作品に込めた秘密のサインを読み解く。「ぼくらの戦争」とは、どういうことか。膨大な小説や詩などの深い読みを通して、当事者としての戦争体験に限りなく近づく。著者の最良の1作。

エネルギーの地政学

小山　堅

ウクライナ侵攻を契機に世界中にエネルギー危機が広まっている。エネルギー研究の第一人者が、複雑な対立や利害を内包するこの問題を地政学の切り口で論じ、日本がどのような政策や外交を行い、安全保障上の危機に対峙していくかを提言する。

宝治合戦
北条得宗家と三浦一族の最終戦争

細川重男

「鎌倉殿の13人」の仁義なき血みどろ抗争は終わっていなかった！鎌倉幕府No1北条氏とNo2三浦氏で争われた宝治合戦（1247年）。北条氏が勝利し得宗独裁体制が確立された鎌倉時代の大転換点となった戦いを、解説編&小説編で徹底解説。

太平洋戦争秘史
周辺国・植民地から見た「日本の戦争」

山崎雅弘

満洲国・インドシナ・シンガポール・フィリピン・豪州・メキシコ……アジア・北米・中南米諸国が直面していた政治的・軍事的状況をとおして、「日米英仏中ソ」の軍事戦略・政治工作・戦闘の詳細を明らかにし、「日本の戦争」を多面的・複眼的に読み解く。

日本解体論

白井　聡
望月衣塑子

政治状況も、国民生活も悪化の一途をたどり、日本を蝕む閉塞感に打開の一手はあるのか。政治学者と新聞記者が、政治・社会・メディアの問題点、「政治的無知」がもたらす惨状、将来に絶望しながら現状を是認し続ける「日本人の病」に迫る。

朝日新書

この世界の問い方
普遍的な正義と資本主義の行方

大澤真幸

中国の権威主義的資本主義、コロナ禍、ロシアによるウクライナ侵攻。激変する世界の中で「適切な問い」を立て、表面的な事象の裏にある真因を探る。未来をより良くする可能性はどこにあるのか？　大澤社会学が現代社会の事象に大胆に切り結んでいく。

進路格差
〈つまずく生徒〉の困難と支援に向き合う

朝比奈なを

新卒主義でやり直しがきかない日本社会は、高校卒業時の選択がその後の命運を握ってしまう。大学・専門学校の実態から、旧態依然とした高校生の就活事情まで、進路におけるさまざまな問題を指摘し教育と労働のあり方を問う。

歴史を読み解く城歩き

千田嘉博

全国に三万カ所以上あった中・近世の城郭跡。自然に触れて心が豊かになり仕事への意欲もわく。いいことずくめの城歩き。歩けば武将たちの思いも見えてくる。全国の城びとを応援する著者による城歩き指南決定版。朝日新聞好評連載等をもとにまとめた一冊。

昭和史研究の最前線
大衆・軍部・マスコミ、戦争への道

筒井清忠／編著

世間は五・一五事件の青年将校を「赤穂義士」になぞらえて称賛した！　軍部とマスコミに先導された〝大衆世論〟の変遷から戦争への道筋を読み解く、最新研究に基づく刺激的な論考。ウクライナ戦争、米中対立など国際情勢が緊迫化する今こそ読まれるべき一冊！